“十三五”高等职业院校经济与贸易类融岗式示范教材

国际商法

主　编　王　玲
副主编　周美艳

中国财富出版社

图书在版编目（CIP）数据

国际商法 / 王玲主编. —北京：中国财富出版社，2017.6

（“十三五”高等职业院校经济与贸易类融岗式示范教材）

ISBN 978-7-5047-6506-2

Ⅰ.①国… Ⅱ.①王… Ⅲ.①国际商法—高等职业教育—教材 Ⅳ.①D996.1

中国版本图书馆 CIP 数据核字（2017）第 140725 号

策划编辑	寇俊玲	**责任编辑**	李　丽		
责任印制	梁　凡	**责任校对**	孙丽丽	**责任发行**	王新业

出版发行	中国财富出版社		
社　　址	北京市丰台区南四环西路 188 号 5 区 20 楼	**邮政编码**	100070
电　　话	010-52227588 转 2048/2028（发行部）		010-52227588 转 321（总编室）
	010-68589540（读者服务部）		010-52227588 转 305（质检部）
网　　址	http://www.cfpress.com.cn		
经　　销	新华书店		
印　　刷	北京九州迅驰传媒文化有限公司		
书　　号	ISBN 978-7-5047-6506-2/D·0146		
开　　本	787mm×1092mm　1/16	**版　　次**	2018 年 11 月第 1 版
印　　张	8.5	**印　　次**	2018 年 11 月第 1 次印刷
字　　数	176 千字	**定　　价**	28.00 元

前　言

本书按照“理实一体化混合式”教学模式进行整体设计，实现“四个融合”：理论教学和实践教学有机融合，课堂教学与资源库利用有机融合，自主学习与教学资源有机融合。打破传统教材建设模式，具有创新性。

（1）内容新颖，体系完整。本教材以国际商事交易活动为主线，采用模块化、任务驱动教学方法编排体例，内容包括 10 个模块（国际商法基本理论认知、国际商事组织法、国际商事代理法、国际商事合同法、国际货物买卖法、国际海上货物运输与保险法、国际票据法、国际知识产权法、国际产品责任法、国际商事仲裁与诉讼法）。

（2）结构新颖，知识学习和技能训练及素质培养一体化。每个模块以导读案例提出任务，引起学生兴趣，之后引入知识介绍和相关的技能训练。另外，设有知识练习和拓展训练，帮助学生巩固练习。案例实例丰富，配以大量的实训和实操内容，注重培养学生实际操作和应用能力。

本书可作为高等职业院校国际贸易实务、报关与国际货运、跨境电商、国际商务等专业学生教材，也可作为企事业单位经济管理人员的参考用书，还适合广大社会人士自学使用。

本书由王玲担任主编，周美艳担任副主编。具体分工如下：王玲（辽宁经济职业技术学院）编写模块一、二、三、四、五、六、七、八，周美艳（辽宁政法职业学院）编写模块九、十。

本书的编写参考借鉴了国内外许多学者的专著和教材，在此深表感谢。同时，本书的编写得到了中国财富出版社以及编者所在单位的支持，在此一并表示感谢。

由于编写水平有限，书中疏漏之处在所难免，欢迎广大读者批评、指正。

编　者

2018 年 1 月

目　录

模块一　国际商法基本理论认知

学习目标

知识目标

1. 掌握国际商法的概念、特征；
2. 掌握国际商法的渊源；
3. 掌握英美法系和大陆法系的区别。

技能目标

1. 能够辨别哪些社会关系属于国际商法调整范围；
2. 能够识别适用国际商法的渊源。

任务一　国际商法的概念和调整对象

任务导入

2010 年，中国政府与澳大利亚政府就相互之间的钢材贸易关系达成一个双边协议，以规范两国之间的钢材贸易活动。

任务要求：

（1）分析中、澳两国这种协议所建立的贸易关系，是否属于本书所定义的国际商事关系。

（2）初步认识国际商法的调整范围。

相关知识

一、国际商法的概念

国际商法是调整国际商事关系法律规范的总和。

二、国际商法的调整对象

法的调整对象就是法所调整的社会关系，每个法律部门都有自己特定的调整对象。国际商法的调整对象就是国际商事关系。国际商事活动所涉及的领域非常广泛，本书主要介绍国际商事组织、国际商事代理、国际商事合同、国际货物买卖、国际货物运输与保险、票据、国际知识产权、国际产品责任、国际商事仲裁与诉讼等内容。

任务二　国际商法的渊源

任务导入

2016 年，在代理一件国际货物买卖纠纷的诉讼中，张律师为支持自己的观点，在法庭上提出了以下几个依据：①《中华人民共和国合同法》（以下简称《合同法》）的某条规定可以支持自己的观点；② 2015 年，本省高级人民法院在处理一件类似的国际货物买卖纠纷案件时所作出的判决，其结果与自己的观点一致；③最高人民法院在一个关于国际货物买卖纠纷案例处理的司法解释中作出的规定，可以支持自己的看法；④某著名学者在其著作中的论点与自己观点一致，该论点已经被我国法律界广泛接受。

任务要求：

（1）张律师提出的 4 个依据是否可能被法庭在审判中采纳？

（2）正确识别适用国际商法的渊源。

相关知识

一、国际商法渊源的概念

国际商法的渊源是指国际商事法律规范的表现形式。

二、国际商法渊源的种类

国际商法渊源主要包括四种形式：国际商事条约、国际商事惯例、各国国内法以及国际商事判例。

1. 国际商事条约

国际商事条约是指两个或两个以上的国家为确定相互之间的权利、义务而达成的有关商事活动的协议。

有效成立的国际商事条约对缔约国当事人具有普遍的约束力。我国法律明确规定：我国缔结或参加的国际条约与我国法律有不同规定的，除我国声明保留的条款外，应适用国际条约的规定。

2. 国际商事惯例

国际商事惯例是指各国商事组织在商事贸易交往中，重复类似行为而逐渐形成的习惯做法。

国际商事惯例不是法律，不具有法律的普遍约束力，但是如果有关当事人在合同中采用了某种国际贸易惯例，该惯例对合同当事人就具有确定的约束力。同时，当事人还可根据双方意愿对这一惯例进行变更、修改或添加。

目前影响较大的成文的国际商事惯例主要有国际商会主持制定的《国际贸易术语解释通则》和《跟单信用证统一惯例》等。

3. 各国国内法

国内法主要是指各国调整涉外商事法律关系的制定法和判例。各国用以调整商事活动的法律主要是民商法。

目前在我国对国际商事活动影响较大的国内法有1980年的《民法通则》和1999年的《合同法》，在美国影响较大的是1952年的《统一商法典》，在英国影响较大的是1983年的《货物买卖法》，在法国影响较大的是1804年的《法国民法典》和1807年的《法国商法典》，在德国影响较大的是1897年的《德国商法典》和1900年的《德国民法典》。

4. 国际商事判例

国际商事判例是指国际法院、一些权威性国际商事仲裁机构及各国法院所做的有关国际商事纠纷案件的具有可参照性和可援引性的典型判决或裁决。在我国，法院的判例不构成法的渊源。

任务三　英美法系与大陆法系

任务导入

小李是某大学法学专业的学生，准备留学美国继续学习法律，他发现美国的法律体系与中国的法律体系有很大的不同，对今后的学习有些困惑。

任务要求：分析英美法系与大陆法系的不同。

相关知识

一、法系的概念

法系是指根据法在结构上、形式上、历史传统等外部特征以及法律实践的特点、法律意识和法在社会生活中的地位等因素对法进行的基本划分。资本主义国家有两大法系，即英美法系和大陆法系。

二、英美法系与大陆法系

1. 英美法系

英美法系，又称普通法法系或者海洋法系，是指以英国普通法为基础发展起来的法律的总称。它产生于英国，后扩大到曾经是英国殖民地、附属国的许多国家和地区，包括美国、加拿大、印度、巴基斯坦、孟加拉国、马来西亚、新加坡、韩国以及非洲的个别国家和地区，我国香港地区的法律体系也属于英美法系。

2. 大陆法系

大陆法系又称罗马法系、民法法系、法典法系或罗马—日耳曼法系，是承袭古罗马法的传统，仿照《法国民法典》和《德国民法典》的样式而建立起来的各国法律制度的总称。欧洲大陆上的法、德、意、荷兰、西班牙、葡萄牙等国和拉丁美洲、亚洲的许多国家的法律都属于大陆法系，我国澳门地区的法律体系也属于大陆法系。

3. 英美法系和大陆法系的区别

（1）法律渊源不同

英美法系以判例法作为法律的主要渊源。大陆法系是成文法系，其法律以成文法即制定法的方式存在。

（2）法律分类不同

英美法系分为普通法、平衡法，大陆法系分为公法和私法。

（3）推理方式不同

英美法系国家的法官在审理案件时，习惯采用“个别到一般”的归纳推理方式。大陆法系国家的法官在审理案件时，一般采用“一般到个别”的演绎推理方式。

（4）诉讼程序不同

英美法系的诉讼程序以原告、被告及其辩护人和代理人为重心，具有抗辩式的特点，同时还存在陪审团制度。大陆法系的诉讼程序以法官为重心，具有纠问程序的特点。

项目训练

知识练习

1. 名词解释

国际商法　国际商事惯例　国际商事条约

2. 简答题

（1）简述国际商法的调整范围。

（2）简述国际商法的渊源。

（3）简述英美法系与大陆法系的区别。

技能训练

大连 A 公司以 CIF（成本加保险费加运费）术语向日本 B 公司出口一批货物，合同约定：卖方应保证货物于 2016 年 2 月 5 日前到达目的港。A 公司按期将货物装上船，并取得全套合格单据。不料货物运出后，船触礁沉没，货物灭失。

问题：本案货物损失应由哪方承担？结合此案，分析国际商事条约与国际商事惯例的区别。

模块二　国际商事组织法

学习目标

知识目标

1. 了解国际商事组织的类型；

2. 理解合伙企业的特点，合伙人的责任承担方式，合伙企业的设立条件，掌握合伙企业事务执行的方式，入伙、退伙的效力；

3. 掌握有限责任公司、股份有限责任公司设立的条件，熟悉公司设立登记的程序；

4. 掌握股东的权利和股权的转让规则；

5. 掌握股东会、董事会、监事会的召集和主持、职权、决议办法。

技能目标

1. 能够起草合伙协议书，能够处理入伙及退伙过程中的法律事务；

2. 能够制定公司章程；能撰写公司登记申请书、获取验资证明等材料，处理公司登记事务；

3. 能够根据法律及章程的规定明确股东的各项权利和义务；

4. 学会运用法律知识召集主持股东会、董事会和监事会，并对某项实际问题作出决议。

任务一　认识国际商事组织

任务导入

小王大学毕业后进入一家外企做销售工作，工作两年后积累了一些经验和资金，想自己创业，但他对各企业形式的优缺点不太了解，对采取哪种企业形式犹豫不决。

任务要求：分析不同类型商事组织的优缺点。

相关知识

一、国际商事组织的概念

国际商事组织又称为国际商事企业，是指以自己的名义从事营利性的活动并具有一定规模的组织。

二、国际商事组织的类型

根据多数国家商法的规定，国际商事组织的形式主要有三种类型：个人企业、合伙企业、公司企业。

1. 个人企业

个人企业是指由一个人投资，全部资产为投资人所有的营利性经济组织。个人企业是一种很古老的企业形式，至今仍广泛运用于商业经营中。个人企业具有以下特征：

（1）个人企业不具有法人资格

个人企业的全部资产为出资人所有，企业盈利全部属于出资人，亏损和债务全部由企业所有人承担。个人企业不是法人，不具有独立的法律人格，它的财产与出资人的个人财产没有区别，它以个人的全部资产对企业的债务负责，即承担无限责任，出资人的风险较大。

（2）出资人对企业具有绝对控制权

个人企业经营的最高决定权属于出资人，出资人对企业的经营管理拥有控制权和指挥权。

（3）注册个人企业无资金限制

各国法律一般对个人企业注册资金不做限制，出资人只需少量资金即可注册成立个人企业。

（4）个人企业的税负较轻

个人企业的出资人只需缴纳一次个人所得税，而公司的股东则要分别缴纳企业所得税和个人所得税，所以个人企业所得税负一般低于公司税负。

2. 合伙企业

合伙企业是由各合伙人订立合伙协议，共同出资，共同经营，共享收益，共担风险的营利性组织。合伙企业的特征包括：

（1）合伙企业是不具备法人资格的营利性经济组织

大多数国家的法律规定合伙企业不具有法人资格，不具有独立的财产，不能独立承担法律责任。

（2）合伙企业的成立基于全体合伙人订立的合伙协议

合伙企业是由全体合伙人根据其共同意志而自愿组成的经济组织，该组织的设立、活动、变更、解散等一系列行为都必须符合一定的行为规则，而合伙协议就是合伙企业的行为规则。

（3）合伙人共同出资、合伙经营、共享收益、共担风险

合伙企业的资本是由全体合伙人共同出资构成。共同出资的特点决定了合伙人原则上均享有平等地参与执行合伙事务的权利，对于合伙经营的收益和风险，由合伙人共享、共担。

（4）全体合伙人对合伙企业的债务承担无限连带责任

合伙企业的合伙人对合伙企业的债务承担无限连带清偿责任，即当合伙企业财产不足以清偿合伙企业债务时，各合伙人对于不足的部分承担连带清偿责任。

3. 公司企业

公司企业一般是指依法设立的，以营利为目的的企业法人。公司企业与个人企业、合伙企业有显著的不同，其特征体现在：

（1）公司企业具有法人资格，在法律上是独立的民事主体，在经济上有独立的财产，独立承担法律责任。

（2）公司企业实行有限责任制度，公司以其全部财产为限对公司债务承担有限责任，股东以出资额为限对公司债务承担有限责任。

（3）公司企业必须依法设立符合公司法所规定的条件和程序。各国立法机关都通过公司立法对公司的设立、登记等做了特别的规定。

三、调整国际商事组织的立法

关于商事组织的立法主要体现在各国国内法中。个人企业立法方面，我国 2000 年 1 月 1 日生效的《中华人民共和国个人独资企业法》（以下简称《个人独资企业法》）对个人独资企业作出了相关规定。在合伙企业立法方面，英美法系国家的合伙法是以单行法的形式公布的。大陆法系国家一般将合伙法放在民、商法典中加以规定。我国 1997 年 8 月 1 日生效的《中华人民共和国合伙企业法》（以下简称《合伙企业法》）对合伙企业进行了规定，该法于 2006 年 8 月 27 日进行了修订，修订后的《合伙企业法》自 2007 年 6 月 1 日起施行。公司企业立法方面，大陆法系国家起初将公司企业放在民、商法典中加以规定，后来由于公司在经济活动中的作用和影响的扩大以及公司问题的特殊性，大陆法系中的许多国家陆续将公司法从民、商法典中分离出来，制定成单行的法规。英美法系国家的公司法一般采取单行法的形式。我国于 1993 年 12 月 29 日通过了《中华人民共和国公司法》（以下简称《公司法》），该法分别于 1999 年、2005

年、2014 年进行了三次修订。

任务二　合伙企业法

任务导入

张某、李某和黄某三个人是好朋友，他们想合作开办一家经营餐饮的合伙企业，他们对合伙企业的设立条件、程序，合伙人的权利义务，合伙企业事务如何管理以及合伙企业的风险等不太了解，因此他们找到王律师咨询相关问题。

任务要求：

（1）掌握合伙企业的设立条件，明确合伙人的权利义务，熟悉合伙企业事务执行方式，正确处理合伙企业债务纠纷。

（2）为张某、李某和黄某提供咨询建议。

相关知识

合伙企业是一种古老的企业形式，在许多国家也是一种数量较多的企业形式，只是基本上属于中、小型企业。各国也都出台了有关合伙企业的立法，对合伙企业的设立、事务执行、外部关系、解散与清算等问题进行规制。

一、合伙企业的设立

设立合伙企业必须符合法定的条件和程序。各国一般规定合伙企业是基于合伙人之间的合伙协议而成立的，在程序上英美法系的国家一般不要求有政府的批准登记，但要求所有的合伙组织都必须有合法的目的。大陆法系的国家都要求设立合伙企业时必须履行登记手续。设立合伙企业一般应具备以下条件：

1. 有两个或两个以上的合伙人

我国《合伙企业法》仅规定了合伙人不少于 2 人，自然人、法人均可，对于合伙人的上限未做规定，其他国家如英国一般要求合伙人数不得超过 20 人。

2. 有合伙协议

各国一般规定，合伙企业是基于合伙人之间的合同协议的。合伙协议是规定合伙人之间权利、义务的法律文件，是确定合伙人在出资、利润分配、风险及责任分担、合伙经营等方面的基本法律依据。我国要求合伙协议应采取书面形式。但在特殊情况下也可以根据合伙人之间的口头约定以及其行为来确定他们之间的合伙关系是否存在。

我国《合伙企业法》规定，合伙协议应当载明下列事项：①合伙企业的名称和主要经营场所的地点；②合伙目的和合伙经营范围；③合伙人的姓名或者名称、住所；④合伙人的出资方式、数额和缴付期限；⑤利润分配、亏损分担方式；⑥合伙事务的执行；⑦入伙与退伙；⑧争议解决办法；⑨合伙企业的解散与清算；⑩违约责任。

3. 有各合伙人实际缴付的出资

由于合伙人承担的是无限连带责任，各国对于合伙人的出资数量、形式等要求比较宽松，一般不要求合伙企业最低的资本额，合伙人既可以用货币出资，也可以用实物、工业产权、土地使用权及劳务等出资。

4. 有合伙企业的名称

合伙企业的名称应当符合企业名称登记管理规定的要求。我国工商行政管理机关在对合伙企业进行登记时，一般要求合伙企业的名称中不得使用“有限”“有限责任”“公司”等字样。所以合伙企业在其名称中不得使用“有限”或者“有限责任”字样。

5. 有经营场所及必要的生产经营条件

经营场所是合伙企业从事生产经营活动的所在地。合伙企业一般只有一个经营场所，即企业登记机关登记的营业点。经营场所的法律意义在于确定债务履行地、诉讼管辖、法律文书送达等。

合伙企业设立的手续比较简便。我国《合伙企业法》规定，申请设立合伙企业，应当向企业登记机关提交登记申请书、合伙协议书、合伙人身份证明等文件。申请人提交的登记申请材料齐全、符合法定形式，企业登记机关能够当场登记的，应予当场登记，发给营业执照。不予登记的，应当给予书面答复，并说明理由。合伙企业的营业执照签发日期，为合伙企业成立日期。

二、合伙企业的事务执行

1. 合伙事务执行的形式

我国法律规定，各合伙人对执行合伙企业事务享有同等的权利，可以由全体合伙人共同执行合伙企业事务，也可以由合伙协议约定或者全体合伙人决定，委托一名或者数名合伙人执行合伙企业事务。也就是说，合伙企业的事务执行方式有以下两种：一种是合伙人共同执行，另一种是委托部分合伙人代为执行。

2. 合伙人在执行合伙事务中的权利义务

（1）合伙人在执行合伙事务中的权利包括：分享利润的权利；合伙人平等享有合伙事务执行权；执行合伙事务的合伙人对外代表合伙企业；不参加执行事务的合伙人有权监督执行事务的合伙人，检查其执行合伙企业事务的情况；合伙人有权查阅合伙企业的账簿和其他有关文件；合伙人有提出异议权和撤销委托执行事务权。

（2）合伙人在执行合伙事务中的义务包括：缴纳出资的义务；承担合伙债务的义务，合伙人对内一般按照合伙协议约定的比例承担债务，对外对债权人承担无限连带责任；忠实的义务，合伙人不得自营或同他人合作经营与本企业相竞争的业务；合伙人不得从事损害本企业利益的活动。

三、合伙企业的外部关系

在合伙企业中，每个合伙人在企业所从事的业务范围内，都有权作为合伙企业和其他合伙人的代理人。这就是所谓合伙人相互代理的原则。

第一，每个合伙人在执行合伙企业的通常业务中所作出的行为，对合伙企业和其他合伙人都具有约束力。

第二，合伙人之间如对任何一个合伙人的权利有所限制，不得用于对抗不知情的第三人。

第三，合伙人在从事通常的合伙业务过程中所做的侵权行为，应由合伙企业承担责任。但合伙企业也有权要求由于故意或疏忽的有关合伙人赔偿企业由此而遭受的损失。

第四，新的合伙人对入伙前该合伙企业所负的债务是否承担责任，各国的合伙企业法规定不同，主要有两种情况：一种是与原合伙人一样承担连带责任；另一种是不承担责任。而当一个合伙人退出合伙之后，他对于其作为合伙人期间的企业所负的债务仍需负责。我国法律规定，新的合伙人对入伙前合伙企业债务承担无限连带责任，退伙人对退伙前债务承担无限连带责任。

四、合伙企业的解散与清算

合伙企业解散的原因一般包括三种情况：

1. 协议解散

协议解散是指各合伙人达成协议，解散该合伙企业。

2. 依法解散

依法解散是指合伙企业依照合伙法的规定解散。主要包括以下情况：合伙协议约定的解散事由出现；合伙企业从事违法活动而被解散；全体合伙人决定解散；合伙人已不具备法定人数；合伙协议约定的合伙目的已经实现或者无法实现。

3. 出现法律规定的合伙企业解散的其他原因

合伙企业解散必须进行清算，并通知和公告债权人。如果合伙企业财产不足以清偿合伙企业债务时，各合伙人应对剩余债务承担无限连带责任。

任务三　公司法

任务导入

甲、乙、丙三家企业准备投资组建一家新的有限责任公司。经协商，它们共同制定了公司章程。其中，章程中有如下条款：①公司由甲、乙、丙三方组建；②公司以生产经营某一科技项目为主，注册资本为30万元人民币；③甲以专利权和专有技术折价出资，占注册资本的30%；乙以现金和机器设备折价出资，占注册资本的40%；丙以土地使用权与房屋折价出资，占注册资本的30%；④公司获得利润时，除依法提取各项基金外，甲、乙、丙分别按40%、30%、30%的比例进行利润分配；⑤公司设立董事会，董事长负责董事会工作；⑥公司经理由董事会聘任，作为法定代表人，负责日常经营管理工作；⑦公司存续期间，出资各方均可自由抽回投资。

任务要求：

（1）上述章程中的条款，哪些符合规定？哪些不符合规定？为什么？

（2）结合本案例，理解有限责任公司设立条件、组织机构等内容。

相关知识

按照不同的分类标准，可以将公司分成不同的种类。根据公司股东对公司所负债务责任的不同可以将公司分为无限责任公司、有限责任公司、股份有限公司和两合公司；按照公司信用基础的不同，可将公司分为人合公司、资合公司及人合兼资合公司；根据公司资本筹集方式及出资方式的不同，可分为封闭式公司和开放式公司；按照公司之间的相互控制与依附关系划分，分为母公司和子公司；按照公司分支机构的设置和管辖划分，分为总公司和分公司；按照公司的国籍不同而划分，分为本国公司、外国公司和跨国公司。

我国《公司法》只确认了有限责任公司和股份有限公司两种公司形式。

一、有限责任公司

（一）有限责任公司的概念与特征

有限责任公司是指股东以其认缴的出资额为限对公司承担责任，公司以其全部资产对公司债务承担责任的公司。有限责任公司的特征包括：①股东人数较少，公司规模一般比较小；②设立程序简单；③组织设置灵活；④具有封闭性；⑤人合兼资合，既强调资本，又强调股东之间的信任。

（二）有限责任公司的设立

1. 有限责任公司设立的条件

（1）股东符合法定人数。大多数国家都对有限责任公司的股东人数做了严格限制，我国《公司法》规定有限责任公司由50个以下股东共同出资设立，一个自然人或者一个法人也可以单独设立有限责任公司。

（2）有符合公司章程规定的全体股东认缴的出资额。有的国家对有限责任公司有最低注册资本限制，如德国、法国、意大利等国家，我国公司法修订后对有限责任公司注册资本不再有最低要求。

（3）股东共同制定公司章程。我国《公司法》规定，有限责任公司章程应当载明下列事项：①公司名称和住所；②公司经营范围；③公司注册资本；④股东的姓名或者名称；⑤股东的出资方式、出资额和出资时间；⑥公司的机构及其产生办法、职权、议事规则；⑦公司法定代表人；⑧股东会会议认为需要规定的其他事项。此外，股东应当在公司章程上签名、盖章。

（4）有公司名称，建立符合有限责任公司要求的组织机构。

（5）有公司住所。

2. 有限责任公司设立的程序

有限责任公司的设立原则主要采用准则主义，即除法律法规明确规定须经审批的外，只要具备有限责任公司的设立条件即可向公司登记机关直接办理注册登记。根据我国《公司法》规定，设立有限责任公司一般应经过如下程序：

（1）发起人发起。由发起人明确设立公司的意向，并作出必要准备。

（2）公司名称的预先核准。

（3）制定公司章程。

（4）必要的审批手续。如果设立的有限责任公司是法律、行政法规规定需要报经批准的有限责任公司，则应当按照法律、行政法规的规定履行必要的批准手续。

（5）缴纳出资。股东按照公司章程记载的出资额、出资时间、出资方式及时缴纳出资。未按照约定交付出资，按时出资的股东和公司可以追究该股东的责任。股东的出资方式可以是货币、实物、工业产权、非专利技术以及土地使用权等。

（6）申请设立登记。由全体股东指定的代表或者共同委托的代理人向公司登记机关报送公司登记申请书、公司章程等文件，申请设立登记。法律、行政法规规定需要经审批的，还需要提交批准文件。

（7）登记发照。公司登记机关对设立登记申请进行审查，对符合公司法规定条件的，予以登记，发给营业执照。营业执照签发之日为有限责任公司成立之日，公司取得法人资格，开始对外开展生产经营活动。

（三）有限责任公司的组织机构

1. 股东会

股东会是有限责任公司的权力机构，由全体股东组成，负责决定公司的重大事项。

我国《公司法》规定，股东会的职权一般包括：①决定公司的经营方针和投资计划；②选举和更换非由职工代表担任的董事、监事，决定有关董事、监事的报酬事项；③审议批准董事会的报告；④审议批准监事会或者监事的报告；⑤审议批准公司的年度财务预算方案、决算方案；⑥审议批准公司的利润分配方案和弥补亏损方案；⑦对公司增加或者减少注册资本作出决议；⑧对发行公司债券作出决议；⑨对公司合并、分立、解散、清算或者变更公司形式作出决议；⑩修改公司章程；⑪公司章程规定的其他职权。

股东一般在股东会上行使表决权。股东会会议分为定期会议和临时会议。我国《公司法》规定，股东按照出资比例行使表决权，股东会会议作出修改公司章程、增加或者减少注册资本的决议以及公司合并、分立、解散或者变更公司形式的决议，必须经代表2/3以上表决权的股东通过；公司的一般事项所做的决议，需要代表1/2以上表决权的股东通过。

2. 董事会

董事会是由董事组成的、对内掌管公司事务、对外代表公司的经营决策机构。公司设董事会，由股东会选举产生。董事会设董事长一人，副董事长一人，董事长、副董事长由董事会选举产生。

董事会对股东会负责，行使下列职权：①召集股东会会议，并向股东会报告工作；②执行股东会的决议；③决定公司的经营计划和投资方案；④制订公司的年度财务预算方案、决算方案；⑤制订公司的利润分配方案和弥补亏损方案；⑥制订公司增加或者减少注册资本以及发行公司债券的方案；⑦制订公司合并、分立、解散或者变更公司形式的方案；⑧决定公司内部管理机构的设置；⑨决定聘任或者解聘公司经理及其报酬事项，并根据经理的提名决定聘任或者解聘公司副经理、财务负责人及其报酬事项；⑩制定公司的基本管理制度；⑪公司章程规定的其他职权。

董事会会议可以分为定期会议与临时会议两种。定期会议依章程的规定按时召开，通常每半年至少一次，临时会议仅在必要时召开。董事会表决时采取一人一票的原则。

3. 监事会

监事会为经营规模较大的有限责任公司的常设监督机关，专司监督职能。股东人数较少和规模较小的有限责任公司，可以不设监事会，只设 1 名至 2 名监事。

监事会对股东会负责，并向其报告工作。监事会、不设监事会的公司的监事行使下列职权：①检查公司财务；②对董事、高级管理人员执行公司职务的行为进行监督，对违反法律、行政法规、公司章程或者股东会决议的董事、高级管理人员提出罢免的建议；③当董事、高级管理人员的行为损害公司的利益时，要求董事、高级管理人员予以纠正；④提议召开临时股东会会议，在董事会不履行本法规定的召集和主持股东会会议职责时召集和主持股东会会议；⑤向股东会会议提出提案；⑥依照公司法的规定，对董事、高级管理人员提起诉讼；⑦公司章程规定的其他职权。

（四）有限责任公司股权的转让

有限责任公司是封闭式的公司，其股权转让程序相对复杂。我国《公司法》规定，有限责任公司的股东之间可以相互转让其全部或者部分股权。股东向股东以外的人转让股权，应当经其他股东过半数同意。股东应就其股权转让事项书面通知其他股东征求同意，其他股东自接到书面通知之日起满 30 日未答复的，视为同意转让。其他股东半数以上不同意转让的，不同意的股东应当购买该转让的股权；不购买的，视为同意转让。经股东同意转让的股权，在同等条件下，其他股东有优先购买权。两个以上股东主张行使优先购买权的，协商确定各自的购买比例；协商不成的，按照转让时各自的出资比例行使优先购买权。

二、股份有限公司

（一）股份有限公司的概念与特征

股份有限公司是指全部资本分为均等份额，股东以其所持股份为限对公司承担责任，公司以其全部资产对公司债务承担责任的公司。股份有限公司的特征包括：①股东人数多，公司规模大；②设立程序复杂；③组织设置灵活；④具有开放性；⑤是资合性企业；⑥公司股份的均等性。

（二）股份有限公司的设立

1. 股份有限公司的设立条件

设立股份有限公司，应当具备下列条件：

（1）发起人符合法定人数。各国公司法一般都规定了股份有限责任公司发起人的最低人数。我国《公司法》规定，设立股份有限公司，应当以二人以上二百人以下为发起人，其中须有半数以上的发起人在中国境内有住所。发起人承担公司筹办事务。

（2）有符合公司章程规定的全体发起人认购的股本总额或者募集的实收股本总额。一些国家在公司法中规定了股份有限责任公司的最低资本额，我国《公司法》修订后对股份有限公司资本无最低要求。

（3）股份发行、筹办事项符合法律规定。

（4）发起人制订公司章程，采用募集方式设立的经创立大会通过。

（5）有公司名称，建立符合股份有限公司要求的组织机构。

（6）有公司住所。

2. 股份有限公司的设立程序

股份有限公司设立有两种方式：发起设立和募集设立。

（1）发起设立

发起设立，即设立公司时，公司首次发行的股份由发起人全部认购，而不再向社会公众公开募集。在这种设立形式中，全体发起人认购的股本总额就是公司进行设立登记时的注册资本总额。

以发起方式设立股份有限公司的主要程序是：

①发起人订立公司章程。公司章程必须由全体发起人一致同意并在公司章程上签名盖章。公司章程必须载明公司法要求载明的事项。

②发起人认购公司股份。

③发起人首次缴纳认购的股款、履行出资义务后，应当选举产生董事会、监事会。

④办理设立登记。经公司登记机关登记，取得公司营业执照，股份有限公司即告成立。

（2）募集设立

募集设立即公司设立时，发起人不认足公司首次发行的股份总数，只认购其中的一部分，其余部分公开向社会公众募集。

以募集方式设立股份有限公司的主要程序是：

①拟定公司章程。公司章程由发起人拟定，日后提交到股东大会审议通过。

②发起人认购部分股份。我国《公司法》规定，以募集方式设立股份有限公司的，发起人认购的股份不得少于公司股份总数的35%，其余股份应向社会公开募集。

③办理公开募集申请及批准手续。发起人在向公众公开募股之前，一般必须向国家主管机关报送有关文件申请审批，只有在主管机关审核批准后，才能开始募股。

④公告和招募股份。发起人在募股申请得到主管机关批准后，即可向社会公告其

招股说明书，邀请公众认购股份，同时制作认股书供认股人填写。

⑤缴纳股款。认股人应在规定期限内向代收股款的银行缴纳股款，股款一旦缴纳，即成为公司资产，不得抽回。股款缴足后，必须经法定的验资机关验资并出具证明。

⑥召开创立大会。发起人认缴股款并经法定的验资机构验资后，发起人即应主持召开创立大会，以通过公司章程、选举董事会、监事会等公司组织机构。

⑦董事会应于创立大会结束后向公司各级机关提交有关文件，申请公司设立登记。

（三）股份有限公司的组织机构

股份有限公司的组织机构包括股东会（股东大会）、董事会和监事会。其中，股东会（股东大会）是公司的最高权力机构；董事会是公司的常设执行机构；监事会是公司的监督机构。这三个机构的职权与有限责任公司的组织机构的职权基本相同。

（四）股份有限公司股权的股份

1. 股份的概念

股份是公司资本构成的最小单位，公司的全部资本分为均等的股份，全部股份的总和构成股份有限公司的资本总额。股份的外在表现形式是股票。

2. 股份的种类

根据不同的标准，股份可以分成不同的种类。根据股东的权限划分为普通股与优先股；根据股东是否被记名划分为记名股与无记名股；根据股票上是否标明股份的价值划分为有票面金额股与无票面金额股。

3. 股份的发行

股份的发行是指以筹集公司资本为目的，分配或出售公司股份的行为。股份的发行分为设立发行和新股发行两种。

4. 股份的转让

股份转让是指通过转移股票所有权而转移股东权利的法律行为。由于股份采用股票形式，所以股份的转让也表现为股票的转让。

（1）股份转让的原则与限制

与有限责任公司股权转让受到限制不同，各国公司法对股份的转让大都采取自由转让的原则，特别情况下对股份的转让做了必要的限制。我国公司法在规定股份有限公司的股东持有的股份可以依法转让的同时，对股份的转让做了以下限制：发起人所持有的本公司股份，自公司成立之日起1年内不得转让；公司董事、监事、经理在任职期间每年转让的股份不得超过其所持有本公司股份总数的25%。

（2）股份转让的方式

股份的转让方式因股票种类的不同而有所差异。记名股票一般采取背书的方式进行转让，即由股票持有人在股票背面批注签章将股票转让给他人，另外还须由公司将受让人的姓名或名称及住所记载于股东名册，否则，不得以其转让对抗公司。无记名股票的转让采取交付的方式，由股东将股票交付给受让人即发生转让的效力。

三、公司的合并、分立和解散

（一）公司合并

1. 公司合并的概念与种类

公司合并是指两个或两个以上的公司依照公司法规定的条件和程序，通过订立合并协议，共同组成一个公司的法律行为。公司的合并可分为吸收合并和新设合并两种形式。吸收合并又称存续合并，它是指通过将一个或一个以上的公司并入另一个公司的方式而进行公司合并的一种法律行为，并入的公司解散，其法人资格消失。接受合并的公司继续存在，并办理变更登记手续。新设合并是指两个或两个以上的公司以消灭各自的法人资格为前提而合并组成一个公司的法律行为。其合并结果是原有公司的法人资格均告消灭。新组建公司办理设立登记手续取得法人资格。

2. 公司合并的程序

合并各方作出合并决定或决议；签订合并协议；编制资产负债表；通知债权人；办理合并登记手续。

3. 公司合并的后果

公司合并时，合并各方的债权、债务，应当由合并后存续的公司或者新设的公司承继。

（二）公司分立

1. 公司分立的概念与种类

公司分立是指一个公司依照公司法有关规定，通过股东会决议分成两个以上的公司。公司分立包括两种情形：派生分立和新设分立。派生分立，指公司以其部分资产另设一个或数个新的公司，原公司存续。新设分立，指公司全部资产分别划归两个或两个以上的新公司，原公司解散。

2. 公司分立的程序

公司分立的程序与公司合并程序基本一致。

3. 公司分立的后果

公司分立后，除债权人和债务人另有约定的以外，分立后的公司对原有公司的权利和义务享有连带债权，承担连带债务。

（三）公司的终止

1. 公司终止的原因

公司的终止是指公司资格的消灭。按照我国《公司法》的规定，公司终止的原因一般包括：①公司章程规定的营业期限届满或者公司章程规定的其他解散事由出现；②股东会或者股东大会决议解散；③因公司合并或者分立需要解散；④依法被吊销营业执照、责令关闭或者被撤销；⑤公司经营管理发生严重困难，继续存续会使股东利益受到重大损失，通过其他途径不能解决的，持有公司全部股东表决权 10% 以上的股东，可以请求人民法院解散公司。

2. 公司的清算

公司的清算是指公司终止时对其财产进行清理的过程。公司终止后，应指定清算人对公司的债权、债务和公司财产进行清理。

（1）清算组的组成

我国《公司法》规定，公司解散的，应当在解散事由出现之日起 15 日内成立清算组，开始清算。有限责任公司的清算组由股东组成，股份有限公司的清算组由董事或者股东大会确定的人员组成。逾期不成立清算组进行清算的，债权人可以申请人民法院指定有关人员组成清算组进行清算。人民法院应当受理该申请，并及时组成清算组进行清算。

（2）清算组的职权

清算组在清算期间行使下列职权：①清理公司财产，分别编制资产负债表和财产清单；②通知、公告债权人；③处理与清算有关的公司未了结的业务；④清缴所欠税款以及清算过程中产生的税款；⑤清理债权、债务；⑥处理公司清偿债务后的剩余财产；⑦代表公司参与民事诉讼活动。

（3）清算的程序

①登记、申报债权。清算组应当自成立之日起 10 日内通知债权人，并于 60 日内在报纸上公告。债权人应当自接到通知书之日起 30 日内，未接到通知书的自公告之日起 45 日内，向清算组申报其债权。债权人申报债权，应当说明债权的有关事项，并提供证明材料。清算组应当对债权进行登记。

在申报债权期间，清算组不得对债权人进行清偿。

②清理公司财产，制订清算方案。清算组在清理公司财产、编制资产负债表和财

产清单后，应当制订清算方案，并报股东会、股东大会或者人民法院确认。

③清偿公司债务。公司财产在分别支付清算费用、职工的工资、社会保险费用和法定补偿金，缴纳所欠税款，清偿公司债务后的剩余财产，有限责任公司按照股东的出资比例分配，股份有限公司按照股东持有的股份比例分配。

清算期间，公司存续，但不得开展与清算无关的经营活动。公司财产在未依照上述规定清偿前，不得分配给股东。

④注销公司登记并公告。公司清算结束后，清算组应当制作清算报告，报股东会、股东大会或者人民法院确认，并报送公司登记机关，申请注销公司登记，公告公司终止。

项目训练

知识练习

1. 名词解释题

合伙企业　公司　有限责任公司　股份有限公司

2. 简答题

（1）简述合伙企业设立的条件。

（2）简述有限责任公司成立的条件。

（3）简述公司的组织机构及其职权。

（4）简述公司解散的原因。

技能训练

1. 起草一份合伙协议

2. 起草一份有限责任公司章程

3. 分析案例

甲、乙、丙、丁四人决定投资设立一普通合伙企业，并签订了书面合伙协议。合伙协议的主要内容如下：①甲以货币出资 10 万元，乙以实物折价出资 8 万元，丙以劳务作价出资 6 万元，丁以货币出资 4 万元；②约定了分配利润和承担债务的比例；③由甲执行合伙企业事务，对外代表合伙企业，其他三人均不再执行合伙企业事务，但对外签订 2 万元以上的合同应经其他合伙人同意。合伙协议中未约定合伙企业的经营期限。

合伙企业在存续期间，发生下列事实：

（1）甲擅自以合伙企业的名义与善意第三人 A 公司签订了代销合同，乙合伙人获知后，认为该合同不符合合伙企业利益，经与丙、丁商议后，即向 A 公司表示对该合同不予承认，因为甲合伙人无单独与第三人签订代销合同的权利。

（2）合伙人丁撤资退伙，其退伙并不给合伙企业造成任何不利影响。合伙企业又接纳戊入伙，并修改了合伙协议。

（3）合伙企业的债权人 A 公司就合伙人丁退伙前发生的债务要求合伙企业的现合伙人甲、乙、丙、戊及退伙人丁共同承担连带清偿责任。丁以自己已经退伙为由，拒绝承担清偿责任。戊以自己新入伙为由，拒绝对其入伙前的债务承担清偿责任。

（4）执行合伙事务的合伙人甲为了改善企业经营管理，独自决定聘任合伙人以外的张某担任该合伙企业的经营管理人员，并以合伙企业名义为 B 公司提供担保。

（5）合伙人乙在其个人与 C 公司的买卖合同中，无法清偿 C 公司的到期债务 8 万元，C 公司要求代位行使乙在合伙企业中的权利用于清偿债务。

问题：

（1）甲以合伙企业名义与 A 公司所签的代销合同是否有效？并说明理由。

（2）丁拒绝承担责任的主张是否成立？并说明理由。如果丁向 A 公司偿还了全部债务，丁可以向哪些当事人追偿？

（3）戊拒绝承担责任的主张是否成立？并说明理由。

（4）甲聘任张某担任合伙企业的经营管理人员及为 B 公司提供担保的行为是否合法？并说明理由。

（5）C 公司的要求是否符合法律规定？并说明理由。

模块三　国际商事代理法

学习目标

知识目标

1. 了解代理的种类；
2. 掌握代理权的行使规则；
3. 熟悉无权代理的表现形式及法律后果；
4. 了解代理权终止的原因及后果。

技能目标

1. 能够正确建立委托代理关系；
2. 能够正确适用代理权；
3. 能够处理代理方面的纠纷。

任务一　认识代理

任务导入

张某经营了一家服装店，他看到A服装公司生产的女装在当地市场上销售很好，就想和A公司商量做A公司服装的代理商，但他对代理的具体事宜不太了解，想找人详细咨询后再做决定。

任务要求：请帮助张某分析如何建立代理关系。

相关知识

一、代理的概念与特征

（一）代理的概念

代理是指代理人在代理权限内以被代理人的名义与第三人实施民事法律行为，由此产生的法律后果由被代理人承担的法律制度。其中，委托他人为自己从事某种行为的人称为被代理人或本人；接受委托替被代理人办事的人称为代理人；第三人则指所有与代理人从事法律行为的人。

（二）代理的特征

（1）代理行为是能够引起民事法律后果的民事法律行为。

（2）代理人一般应以被代理人的名义从事代理活动。

（3）代理人在代理权限范围内独立进行意思表示。

（4）代理行为的法律后果直接归属于被代理人。

（三）调整代理关系的立法

大陆法系国家关于代理关系的法律规范主要体现于民商法典中，也有一些国家制定了专门调整商事代理关系的单行法，如德国 1953 年的《商业代理法》。在英美法系国家，调整代理关系的法律规范主要是判例法。中国调整代理关系的法律规范主要体现在《民法通则》和《合同法》中。

二、代理的产生与终止

（一）代理的产生

1. 大陆法系

大陆法系国家的法律把代理产生的方式分为两种：一种是意定代理或委托代理；另一种是法定代理。意定代理也称委托代理，是指由被代理人的意思或者行为表示而产生的代理。法定代理是指代理人根据法律的规定直接获得代理权的代理。

2. 英美法系

英美法系国家的法律把代理权产生的方式主要分为以下四种：

（1）明示的指定

所谓明示的指定，是指被代理人以明示授权方式指定某人为其代理人。

（2）默示的授权

默示授权的代理是指被代理人虽未明示授予，但基于被代理人的言辞或者行为，致使第三人相信代理人有权代替被代理人从事某个法律行为而产生的代理权。默示的授权也叫作“不可否认的代理”，类似于大陆法系及我国民法中的表见代理。

（3）客观必需的代理

也称为紧急处分的代理，是指在发生紧急情况时，受托照管他人财产的人，以代理人的身份为保全财产而采取必要的行动，在这种情况下，虽然受托管理财产的人并没有得到采取此种行动的明示的授权，但由于客观情况的需要视为具有此种授权。

（4）追认的代理

追认的代理是指在代理人无权代理或越权代理的情况下，由被代理人的事后确认而产生的代理权。

3. 中国法

根据《民法通则》的规定，代理可以分为委托代理、法定代理和指定代理。委托代理是指基于被代理人的委托而发生的代理，是最常见、适用最广泛的一种代理形式。法定代理是指基于法律的直接规定而发生的代理，法定代理主要适用于被代理人为无行为能力人或限制行为能力人的情况。指定代理是指基于法院或有关机关的指定行为而产生的代理。

（二）代理的终止

1. 委托代理终止的原因

（1）代理期限届满或者代理事项完成。

（2）被代理人取消委托或者代理人辞去委托。

（3）作为被代理人或者代理人的法人终止。

2. 法定代理和指定代理终止的原因

（1）被代理人取得或者恢复民事行为能力。

（2）指定代理的法院或者指定单位取消指定。

（3）其他原因，如收养关系解除，监护人不履行监护义务而被撤销监护，夫妻离婚等。

任务二　代理法律关系

任务导入

日本一商人根据当地市场销售情况，建议德国A公司生产一种机器，条件是要求作为销售该货物的独家代理人，A公司同意并签订了合同。后来，A公司与当地某一公司直接签订订货合同，没有经过代理人，该商人向A公司索要佣金，A公司以合同没有通过代理人为由，拒不支付佣金。

任务要求：A公司是否要给代理商佣金？结合本案，分析代理法律关系中当事人的权利义务。

相关知识

一、代理的内部关系

代理的内部关系，是指被代理人和代理人之间的关系。被代理人和代理人之间是合同关系，他们一般通过签订协议的方式来确定各自的权利和义务。

（一）代理人的义务

（1）勤勉地履行代理职责

代理人在代理中，必须勤勉工作，尽相当的注意义务，并应遵从本人的指示。

（2）亲自处理委托事务

代理人应当自己处理委托事务，非经被代理人的同意或有不得已的事由，不得由他人代替自己履行义务。

（3）报告义务

代理人负有报告义务，在本人要求报告或代理人认为必要时，代理人应将处理委托事务的一切重要情况向本人报告。

（4）保密义务

在代理关系的有效期间或终止后，代理人均不得将在代理过程中所了解到的本人的秘密，向第三人泄露，也不得由他自己用来同本人进行不正当竞争。

（二）被代理人的义务

1. 承担代理行为的法律后果

委托人对代理人在委托授权范围内所进行的行为的法律后果，无论是有利的还是不利的，都应当接受。委托人是代理行为所缔结的法律关系的当事人，法律关系的权利由其享有，义务由其履行，责任由其承担。

2. 支付报酬或佣金

这是委托代理中委托人最主要的义务。根据商业惯例，佣金一般是按照代理人所完成业务金额的一定比例提取，并事先在委托合同中予以规定。

在一些商事代理中还可能存在以下两个问题：被代理人未经代理人同意，直接与代理人代理地区的第三人达成交易，代理人是否可以收取佣金？代理人介绍的客户日后直接同被代理人达成交易，被代理人是否仍应支付佣金？对于这两个问题，各国的实际做法及法律规定不尽相同。

大陆法系中很多国家规定：如果代理合同中无相反规定，则对于被代理人同代理地区内的第三人所达成的一切交易，不论该代理人是否参与此事，该代理人都有权要求被代理人支付佣金；如果被代理人从代理人在其代理期间内为被代理人建立的商业信誉中获得了重大利益，则被代理人应给予代理人公平的补偿。

按照英美法系的规定，应通过区分代理人在被代理人与第三人所从事的交易相互的作用来决定代理人是否应得到佣金。如果被代理人同第三人的交易是代理人努力的结果，则代理人就应得到佣金，否则，不应得到佣金。关于代理合同终止后，被代理人是否支付佣金问题，英美法系认为：如果代理合同规定了期限，则期限届满后，代理人介绍的客户再与被代理人达成交易，被代理人不必支付佣金；如果代理合同未规定期限，只要代理人介绍的客户再与被代理人进行交易，被代理人就应支付佣金。

3. 提供和补偿代理人因履行代理义务而产生的费用

这是指代理人因执行委托人的指示，完成委托人交给的特定义务而支出的费用或所受的损失。但在一般情况下，代理人履行代理义务所进行的正常业务开支应由代理人自己负担。

二、代理的外部关系

代理的外部关系是指被代理人和代理人对第三人的关系。一般情况下，代理人以被代理人的名义从事的法律行为，其法律后果直接归属于被代理人，代理人不对第三人承担责任。但是，在有些商业活动中，代理人在被代理人的授权下与第三人签订合同时，直接以自己的名义进行而并不披露被代理人姓名，在这种情况下，合同的一方当事人是被代理人还是代理人？应由谁向第三人负责？关于这个问题，大陆法系和英美法系的规定有所不同。

（一）大陆法系的规定

根据代理人是以被代理人的名义，还是以自己的名义与第三人订立合同，大陆法系将代理分为直接代理和间接代理。

1. 直接代理

大陆法系认为，如果代理人在为被代理人签订合同时，向第三人表明了其代理人的身份，则合同的双方当事人是被代理人和第三人，这种代理在大陆法系中称为直接代理。在直接代理的情况下，代理人对第三人不承担个人责任，被代理人直接对第三人负责。

2. 间接代理

如果代理人以自己的名义与第三人签约，但实际上是为了被代理人的利益，则为间接代理。在间接代理的情况下，由于代理人是以自己的名义同第三人签订合同的，尽管该合同的签订完全是为了被代理人的利益，代理人对此也应承担个人责任，而被代理人并不承担责任，除非代理人将合同项下的权利和义务转让给被代理人。

（二）英美法系的规定

按照代理人在交易中是否披露被代理人的姓名和身份，英美法系将代理分为披露被代理人的代理和未披露被代理人的代理。

1. 披露被代理人的代理

英美法认为，如果代理人在订约时明确指出被代理人的姓名，即披露了被代理人，则合同的当事人是被代理人和第三人，被代理人应对合同负责，代理人对合同不承担个人责任。

披露被代理人的代理又有两种形式。一种形式是披露被代理人姓名或者名称的代理，称为显名代理。另一种形式是只披露代理关系的存在，不披露被代理人姓名或者名称的代理，称为隐名代理或称为部分披露被代理人的代理。

无论是显名代理还是隐名代理，合同的当事人仍是被代理人和第三人，应由被代理人对合同负责，代理人对该合同不承担个人责任。

2. 未披露被代理人的代理

未披露被代理人的代理是指代理人虽拥有被代理人的授权，但在为代理行为时，未向第三人披露代理人身份，未披露被代理人的姓名或者名称，即未披露代理关系的存在。在这种情况下，代理人实际上把自己置于被代理人的位置，理应对合同负责。

任务三　无权代理

任务导入

2015 年 7 月，远大公司将盖有本单位公章的空白合同书交给王某，委托他购买机器设备。2015 年 8 月 10 日，王某用该空白合同书与超越健身器材厂签订了购买 100 套健身器材的合同，货款总额为 120 万元，合同规定货到后 15 天内付款。王某将签好的合同带回交给远大公司经理，经理对此合同未置可否。2015 年 8 月 25 日，超越健身器材厂将 100 套健身器材如数运至远大公司，远大公司经验收后陆续出售。因付款期限已过，未见远大公司付款，超越健身器材厂电话通知远大公司支付货款，而该公司以王某超越代理权限与超越健身器材厂签订合同为由拒付货款。超越健身器材厂因此诉至法院，要求远大公司付款并承担违约责任。

任务要求：本案应如何处理？结合本案，分析无权代理的产生原因及法律后果。

相关知识

一、无权代理的概念

无权代理是指代理人在不享有或已丧失代理权的情况下所进行的代理行为。这种代理行为，具备代理的表面特征，但不具有代理行为的实质特征，因而不是真正的代理，而属于类似代理的一种情况。

二、无权代理的表现形式

无权代理的表现形式有以下四种：

（1）不具备默示授权条件的代理。

（2）授权行为无效的代理。

（3）超出授权范围行事的代理。

（4）代理权消灭后的代理。

三、无权代理的法律后果

根据各国法律的规定，无权代理人所做的代理行为，如与第三人订立合同或处分财产等，非经本人的追认，对本人是没有约束力的。如果被代理人对无权代理人的行为进行了追认，则应承担相应的责任。

我国法律关于无权代理的规定体现在《合同法》中：行为人没有代理权，超越代理权或者代理权终止后以被代理人名义订立的合同，未经被代理人追认，对被代理人不发生效力，由行为人承担责任。

项目训练

知识练习

1. 名词解释题

代理　意定代理　法定代理　无权代理

2. 简答题

（1）简述代理的特征。

（2）简述代理权产生及终止的原因。

（3）简述代理人的义务。

（4）简述无权代理的表现形式及法律后果。

技能训练

1. 起草一份授权委托书

2. 案例分析

2015 年 6 月，某画店请当地知名画家张某为其作画。双方约定，由张某在本年内为画店作国画四幅，纸张、笔墨由画店提供，每幅国画，画店先行付给张某人民币 2000 元。第二天，画店将预付款 8000 元及纸张、笔墨送交张某。但是由于张某忙于自己画展的准备，一直无暇为画店作画。同年 12 月初，张某不慎摔伤右臂，无法在预定时间完成画作。张某将印章、纸墨等留给其学生甲、乙，要其二人代为作画四幅，于年内送至画店。甲、乙二人按照张某吩咐赶作国画四幅，于 12 月末送至该画店。该画店经过鉴定，发现这四幅国画无论从哪一方面，都与张某的作品有很大差距，认定不是张某所作，画店经理找到张某，与其商量，要求重画，张某不肯。于是该画店起诉至法院。

问题：本案应如何处理，为什么？

模块四　国际商事合同法

学习目标

知识目标

1. 了解合同的种类；
2. 熟悉合同订立的过程；
3. 掌握合同的形式与内容；
4. 掌握合同的效力状况；
5. 掌握合同的履行规则；
6. 掌握违约责任的归责原则、构成要件及责任方式。

技能目标

1. 能够参照合同范本签订合同；
2. 能够判断合同的法律效力、能够修改有瑕疵的合同；
3. 能够依法履行合同；
4. 能够正确判定合同责任，处理合同违约纠纷。

任务一　认识合同

任务导入

甲企业与乙企业达成口头协议，由乙企业在半年之内供应甲企业30吨钢材。三个月后，乙企业以原定钢材价格过低为由要求加价，并提出，如果甲企业表示同意，双方立即签订书面合同，否则，乙企业将不能按期供货。甲企业表示反对，并声称，如乙企业到期不履行协议，将向法院起诉。

任务要求：此案中，双方当事人签订的合同有无法律效力？结合本案，熟悉合同的种类。

相关知识

一、合同的概念、特征

大陆法系对合同的定义继承了罗马法系的传统，将合同定义为“一种协议”。其中，德国法系认为合同是发生、变更债的关系的法律行为，合同的本质仍然是一种意思表示的合意。法国民法上的合同首先是一种合意，即双方当事人意思表示一致的协议；合同是产生债务的根据之一；合同所产生的债务的内容是“负担给付、作为或不作为”。

英美法系认为合同是由两个以上当事人之间的具有法律约束力的协议，或者由一个以上的当事人对于他方当事人负有作为或者不作为的义务，其实质上将合同定义为一种协议，合同必须要通过双方的协议才能成立，而协议的内容则是双方当事人一致的意思表示。

中国《合同法》规定，合同是平等主体的自然人、法人、其他组织之间设立、变更、终止民事权利义务关系的协议。

合同的特征包括：

（1）合同是一种民事法律行为。

（2）合同是双方或多方当事人之间的民事法律行为。

（3）合同是引起债发生的原因之一，因此合同在有效成立之后就按照当事人的合意在当事人之间产生了一定的债权债务关系。

二、合同的种类

1. 单务合同与双务合同

根据合同当事人是否相互负有对价义务为标准，可将合同分为单务合同与双务合同。单务合同是指仅有一方当事人承担义务的合同，如赠予合同。双务合同是指双方当事人互负对价义务的合同，如买卖合同、承揽合同、租赁合同等。

2. 有偿合同与无偿合同

根据合同当事人是否因给付取得对价为标准，可将合同分为有偿合同与无偿合同。有偿合同是指合同当事人为从合同中得到利益要支付相应对价给付的合同。买卖、租赁、雇佣、承揽、行纪等都是有偿合同。无偿合同是指只有一方当事人作出给付，或者虽然是双方作出给付但双方的给付不具有对价意义的合同。赠予合同是典型的无偿合同，另外，委托、保管合同如果没有约定利息和报酬的，也属于无偿合同。

3. 诺成合同与实践合同

根据合同成立除当事人的意思表示以外，是否还要其他现实给付为标准，可以将合同分为诺成合同与实践合同。诺成合同是指当事人意思表示一致即可认定合同成立的合同。实践合同是指在当事人意思表示一致以外，尚须有实际交付标的物或者有其他现实给付行为才能成立的合同。常见的实践合同有保管合同、自然人之间的借贷合同、定金合同等。但赠予合同、质押合同不再是实践合同。

4. 要式合同与不要式合同

根据合同的成立是否必须符合一定的形式为标准，可将合同分为要式合同与不要式合同。要式合同是按照法律规定或者当事人约定必须采用特定形式订立方能成立的合同。不要式合同是对合同成立的形式没有特别要求的合同。

5. 主合同与从合同

以两个或者多个合同相互间的主从关系为标准，可将合同分为主合同与从合同。主合同是无须以其他合同存在为前提即可独立存在的合同。从合同，又称附属合同，是以其他合同的存在为其存在前提的合同。保证合同、定金合同、质押合同等相对于提供担保的借款合同即为从合同。

三、有关合同的立法

合同法是调整合同关系的法律规范的总称。对合同关系的法律规范主要体现为各国的国内立法和有关的国际公约。

各国关于合同的立法形式有很大的差别。在大陆法系国家，合同法以成文法的形式出现，一般包含在民法典或者债法典中。例如，《法国民法典》将有关合同的事项集中在第三卷中加以规定。在英美法系，关于合同的法律主要包含在普通法中，没有一套系统、成文的合同法。虽然英国、美国等国家也制定了一些具体的成文合同法，例如《英国货物买卖法》《美国统一买卖法》，但是，这些法律只是对货物买卖合同及其他有关的商事交易合同作出了具体的规定，至于合同的许多基本原则，如合同成立的各项规定等，仍然需要根据判例法所确定的原则来处理。中国关于合同的立法主要体现为 1999 年通过的《中华人民共和国合同法》（以下简称《合同法》），该法于 1999 年 10 月 1 日生效。

为了解决各国合同立法上的冲突，从 20 世纪以来，国际组织开始了统一各国合同法的工作。目前调整合同的国际公约最为典型的是 1980 年联合国国际贸易法委员会通过的《联合国国际货物销售合同公约》（以下简称《联合国销售合同公约》或《公约》），该公约于 1988 年 1 月 1 日生效实施，该公约成员国已包括了美国、法国、德国、意大利、挪威、瑞典和瑞士等世界主要的贸易国，我国也是此公约的成员国。

任务二 订立合同及判定合同效力

任务导入

甲公司于8月2日向乙公司发出要约，要卖给乙公司一台机器设备，甲公司要求乙公司10天内答复。甲公司的要约于8月5日到达乙公司。8月3日，甲公司又给乙公司去信，称其需要使用该机器设备，不能出售，请乙公司原谅。第二封信于8月6日到达。乙公司8月7日回信表示接受甲公司的要约条件，该回信8月10日到达，甲公司拒绝交货。

任务要求：甲、乙之间是否成立合同关系？结合本案，分析合同成立的条件。

相关知识

各国法律一般都规定，合同必须符合一定的条件才能有效成立。判定合同成立生效的要件一般包括以下几个方面：当事人一般要经过要约和承诺的过程达成一致协议；当事人必须具有签订合同的行为能力；合同必须有对价或约因；合同必须合法；当事人的合意真实。

一、当事人应通过要约与承诺达成协议

（一）要约

1. 要约的概念与条件

要约是一方当事人向另一方当事人发出的希望与之订立合同的建议。其中发出要约的一方当事人称为要约人，接受要约的一方称为受要约人。一项有效的要约必须具备以下条件：

（1）要约必须表明要约人愿意按照要约合作提出的条件与对方订立合同的意旨，即具有订约的意愿。

（2）要约的内容必须明确、具体。要约应当包括合同的主要条件，按照各国合同立法的规定，要约的主要条件一般包括商品的名称、价格、数量、品质或规格、交货期限和地点以及付款方式等。根据《公约》的规定，一项货物销售要约的内容至少应包括品名、价格或价格的确定方法、数量或数量的确定方法。

（3）要约必须传达到受要约人才能生效。要约是一种意思表示，按照大多数国家的法律及《公约》的规定，要约必须在到达受要约人时才能生效，从而使受要约人取

得对该要约作出承诺的权利。

2. 要约的效力

要约的效力是指要约生效后对双方当事人的约束力。它包括对要约人和受要约人的约束力两方面。一般来说，要约对受要约人并没有法律上的约束力，受要约人只是取得了承诺的资格。多数国家法律都规定，受要约人对要约不予承诺也没有通知要约人的义务。要约的效力主要体现在对要约人的约束力上。要约人发出要约后，一旦受要约人按照要约规定的条件作出了承诺，要约人就必须与之订立合同，另外，要约发出后，要约人一般不得对要约的内容进行变更。

关于要约的生效时间主要有两种观点，即发信主义和到达主义。德国和日本民法对此采用到达主义为确定要约生效时间的原则。我国《合同法》也采用到达主义，《合同法》第 16 条规定："要约到达受要约人时生效。采用数据电文形式订立合同，收件人指定特定系统接收数据电文的，该数据电文进入该特定系统的时间，视为到达时间；未指定特定系统的，该数据电文进入收件人的任何系统的首次时间，视为到达时间。"

3. 要约的撤回与撤销

要约的撤回是指要约人在要约发出后尚未生效前取消要约的行为。关于要约的撤回，各个国家的立法及《公约》的规定基本一致，认为要约可以撤回，但撤回要约的通知必须先于要约或与要约同时到达受要约人。

要约的撤销是指要约生效后，要约人将要约取消，从而使要约的效力丧失的行为。关于要约的撤销，各国的法律存在较大的差别。

英美法系法律认为：要约原则上没有约束力，不论要约是否生效，在受要约人作出承诺前，要约人随时都可以撤销要约。由于这种规定已经不适应贸易的发展，目前英美法系的一些国家逐渐改变了这一规定，规定在一定条件下要约人不得撤销要约。

大陆法系国家一般都认为要约对要约人具有约束力，规定要约一旦生效，要约人就不得撤销或更改其要约。

《公约》规定，在受要约人作出承诺前，要约人可以撤销要约。但是，下述两种情况中，要约人不得撤销要约：如果要约中明确写明了承诺的期限或以其他方式表明要约是不可撤销的，以及受要约人对要约有理由信赖其不可撤销，并已按要约作出了某些行为时。

我国《合同法》关于要约的撤销问题与《公约》的规定是一致的。《合同法》第 18 条规定："要约可以撤销。撤销要约的通知应当在受要约人发出承诺通知之前到达受要约人。"第 19 条则规定："有下列情形之一的，要约不得撤销：（一）要约人确定了承诺期限或者以其他形式明示要约不可撤销；（二）受要约人有理由认为要约是不可撤销的，并已经为履行合同做了准备工作。”

4. 要约的终止

要约的终止就是要约的失效，导致要约失效的原因主要包括以下几种情况：要约期限届满；要约被撤回或撤销；要约被受要约人拒绝或实质性变更；要约因其他法定事由而失效。

（二）承诺

1. 承诺的概念及条件

承诺是指受要约人对要约的内容表示同意的行为。一项有效的承诺必须满足如下条件。

（1）承诺必须由受要约人作出。受要约人以外的第三人同意要约的内容所作出的意思表示不构成承诺，而是一项要约。

（2）承诺的内容应与要约的内容一致。如果受要约人在承诺中对要约的内容做了变更或修改，则不是有效的承诺，而是一项反要约。这里的变更是指实质上的变更即重大内容的变更，如果受要约人在承诺中仅仅改变了非实质性的内容则仍视为有效的承诺。

（3）承诺必须在要约的有效期内作出。

（4）承诺必须以声明或作出其他行为等合法方式表示。

2. 承诺的效力

承诺的效力是指承诺对双方当事人所产生的约束力。按照各国的法律，承诺一旦生效，合同即告成立。

关于承诺的生效时间，英美法系采取“投邮主义”原则，其含义是以信件、电报作出承诺时，承诺的函电一经投邮，承诺立即生效。大陆法系国家采取“收邮主义”或称“到达主义”，表示承诺的函电只有送达给要约人，承诺才发生法律效力。《联合国国际货物销售合同公约》关于承诺生效的时间采取的是“到达生效”的原则。中国《合同法》在承诺的生效时间上采取的也是到达生效的原则。《合同法》第 26 条规定：“承诺通知到达要约人时生效。承诺不需要通知的，根据交易习惯或者要约的要求作出承诺的行为时生效。采用数据电文形式订立合同的，承诺到达的时间适用本法第 16 条第 2 款的规定。”

3. 承诺的撤回

承诺的撤回是指受要约人阻止承诺生效的行为。关于承诺的撤回，各国一般都不禁止，即承诺人在承诺生效前可撤回承诺。但依“投邮生效”的原则，承诺一旦作出即发生法律效力，因此不存在撤回的问题。

二、当事人须具有订立合同的能力

当事人的缔约能力是指当事人的行为能力，即当事人依据法律的规定所取得的签约资格。

订立合同的当事人包括自然人和法人。各国法律均要求订立合同的自然人应具备完全民事行为能力，认为无行为能力人、限制行为能力人所订立的合同是无效或者是效力待定的。关于法人，一般认为，法人都有订立合同的能力，但法人的订约能力不得超出法律或法人章程所规定的范围，否则属于越权行为，所订立的合同是无效的。

三、合同的订立应具有对价或约因

对价是英美法系的概念，是指一方当事人在享有权利的同时须承担某种作为或不作为的义务。根据英美法系国家法律的规定，除签字蜡封合同外，所有的简式合同必须有对价支持。

约因是大陆法系的概念，是指当事人签订合同所追求的直接目的。大多数大陆法系国家都将约因作为合同成立的条件。《法国民法典》规定无约因的债、基于错误约因或不法约因的债，不具有法律效力。

中国《合同法》没有明确要求合同的成立是否必须具有约因或对价，但要求合同的订立应本着公平、诚信的原则，这也就要求一方当事人在享有权利的同时应承担相应的义务，实质上也是一种“对价”。

四、合同必须合法

各国法律一般规定，合同的内容和形式都应符合法律规定。

合同的内容必须合法，内容违法的合同不会发生法律效力。内容的违法主要是指合同违反法律的强制性规定、违反社会公序良俗和公共政策。比如买卖毒品的合同、赌博合同、买卖走私物品的合同、限制婚姻自由的合同等都是违法合同，而限制竞争的合同则属于违反公共政策的合同。

现代各国的合同立法在合同形式问题上大多采取自由的态度，即大都采取不要式原则，当事人可以采取口头、书面、默示或其他形式，只是对某些较为重要的合同才要求采取要式形式。如中国合同法要求不动产的转让合同、保险合同等合同必须采取书面形式，而对大多数合同则不要求必须是要式的。

五、当事人的合意真实

合意真实是指订立合同是双方当事人内心意愿的结果。包括两个方面的意思：一是合同的内容是根据当事人自己的认识决定的，而不是在他人的欺诈胁迫下作出的；二是合同的内容真实反映当事人的内心意愿，即合同的内容、目的和当事人的内心意愿是一致的。如果合同不是当事人内心意愿的真实反映，该合同会因意思不真实而成为无效的或可撤销的合同。当事人意思表示不真实的原因主要包括以下几种：

1. 误解

误解是指当事人订立合同时，对合同的重大事项产生了错误认识，而作出与其真实意愿不符的意思表示。

多数国家法律规定，误解可以成为否定合同效力的条件，产生误解的当事人可以主张合同无效或撤销合同。但各国对误解的认定有所不同，英美法系认为误解是当事人对合同重大事项的错误认识；大陆法系国家认为重大误解是对合同的标的物及合同当事人的错误认识；我国法律规定当事人对合同性质、标的物、价款等的错误认识属于重大误解。

2. 欺诈

欺诈是指一方当事人故意虚构事实或隐瞒真相以致对方当事人发生错误认识的行为。由于在受到欺诈的情况下签订的合同违背当事人的真实意愿，而且往往会给受欺诈方造成损害，因此多数国家法律上都允许受欺诈一方当事人主张合同无效或要求撤销该合同。中国合同法也做了类似规定。

3. 胁迫

胁迫是指以施以威胁的方法使对方产生恐惧而被迫与之订立合同的行为。各国法律一致认为，凡在胁迫之下订立的合同，受胁迫的一方可以主张合同无效或撤销合同，因为在胁迫的情况下签订的合同违背了当事人的真实意愿。

任务三　合同的履行

任务导入

我国内地某市的A公司委托沿海城市S市的B公司进口机器一台，合同规定买方对货物质量不符合同的索赔期限为货到目的港30天内。货到S市后，B公司即将货转至某市交A公司。由于A公司的厂房尚未建好，机器无法安装，半年后，待厂房完工，机器装好，经商检机构检验，发现该机器均系旧货，不能很好运转，遂请B公司向外商提出索赔，外商置之不理。

任务要求：分析外商拒绝赔偿的依据是什么，合同履行中应注意的问题有哪些。

相关知识

一、合同履行的概念

合同的履行是指合同当事人实现合同内容的行为。当事人必须全面、适当地履行自己的义务，才能实现合同订立的目的。

二、合同履行中的抗辩权

合同履行中的抗辩权是指合同的一方依据法定的事由拒绝向对方履行义务的权利。主要包括同时履行抗辩权和不安抗辩权。

（一）同时履行抗辩权

同时履行抗辩权是指双务合同的当事人一方在他方未对等给付之前，有拒绝自己履行合同的权利。我国《合同法》第66条规定："当事人互负债务，没有先后履行顺序的，应当同时履行。一方在对方履行之前有权拒绝其履行要求。一方在对方履行债务不符合约定时，有权拒绝其相应的履行要求。"

（二）不安抗辩权

不安抗辩权是指双务合同中，先履行方有确切证据证明，后履行方于合同成立后丧失或可能丧失履行能力时中止履行合同的权利，并且在后履行方于一合理期限内未能恢复履行能力或提供担保时解除合同的权利。它是兼有抗辩权与形成权性质的复合性权利，而且是一种积极性的权利。我国《合同法》第68条规定：应当先履行债务的当事人，有确切证据证明对方有下列情形之一的，可以中止履行：（1）经营状况严重恶化；（2）转移财产、抽逃资金，以逃避债务；（3）丧失商业信誉；（4）有丧失或者可能丧失履行债务能力的其他情形。第69条规定：中止履行后，对方在合理期限内未恢复履行能力并且未提供适当担保的，中止履行的一方可以解除合同。

不安抗辩制度也是大陆法系国家普遍采用的维护先履行义务一方利益的制度。英美法系没有采取不安抗辩权的概念，而是采用预期违约的概念。预期违约又称先期违约，是指在合同履行期限到来之前，一方虽无正当理由但明确表示其在履行期到来后将不履行合同，或者其行为表明在履行期到来后将不可能履行合同。对于预期违约的补救措施，包括拒绝承认和承认两种。拒绝承认就是当事人一方在对方当事人有预期违约的表象时，拒绝承认为违约，等到合同履行期限届满而对方仍不履行的，就按实际违约追究对方的违约责任。承认就是承认对方预期违约的存在而提起诉讼，从而及时解除合同，避免更大的损失。

任务四 违约责任的认定

任务导入

甲与乙订立了一份苹果购销合同，合同约定：甲向乙交付20万千克苹果，货款为40万元，乙向甲支付定金4万元；如任何一方不履行合同应支付违约金6万元。甲因将苹果卖与丙而无法向乙交付苹果。

任务要求：乙选择哪种责任方式能最大限度保护自己的利益？结合本案，理解违约的构成条件及责任承担方式。

相关知识

一、违约责任的概念

违约行为是指合同当事人没有履行合同义务或者没有完全履行合同义务的行为。违约责任则指当事人违反合同义务所应承担的民事责任。

二、违约责任的归责原则及构成要件

（一）大陆法系的规定

大陆法系在合同违约责任上采取了过错责任原则，即合同当事人只有在存在过失的情况下，才承担违约责任。由此，大陆法系关于违约的构成要件也比较复杂，包括：当事人有不履行合同或不完全履行合同的行为；一方当事人违反合同的行为给对方造成财产上的损害；一方当事人违反合同的行为与对方的损害之间存在因果关系；违反合同一方当事人主观上存在过错，包括故意和过失。

（二）英美法系的规定

英美法系在违约责任归责上适用严格责任即无过错责任原则，因此英美法系中违约责任的构成要件相对简单，只要当事人违反合同的约定，没有履行合同或没有完全履行合同即构成违约，就应承担违约责任，不要求必须给对方当事人造成损害，也不要求违约方在主观上存在过错。

我国《合同法》在违约责任归责上采用无过错责任原则，对违约责任的确定只要

求有一方当事人的违约行为即可，不要求损害后果，也没有主观过错上的要求。

三、违约的表现形式

（一）大陆法系的规定

《德国民法典》把违约分为两类：给付不能与给付迟延。

1. 给付不能

给付不能是指债务人由于种种原因不可能履行其合同的义务，而不是指有可能履行而不去履行。

给付不能又可以分为自始不能和嗣后不能。自始不能的合同原则上无效，但一方当事人在订立合同时明知或应知合同不能履行的，对不知情的对方当事人应承担损害赔偿责任。嗣后不能是指在合同成立时合同是有可能履行的，但在合同成立后，由于出现了阻碍合同履行的情况而使得合同不能履行。嗣后不能的情况下要视具体原因的不同而判定如何承担责任。如果嗣后不能是由于债务人的过错引起的，则债务人应向债权人承担赔偿责任；如果嗣后不能是因不可归责于双方的事由造成的，双方均可免除其义务。

2. 给付迟延

给付迟延是指债务已届履行期且债务是可能履行的情况下，债务人没有按期履行其义务。债务人承担由此产生的法律后果也实行过错责任原则，如果给付迟延是由于债务人的原因引起的，债务人应承担赔偿责任；反之，如果给付迟延非由债务人造成，则债务人不承担责任。

（二）英美法系的规定

英国法将违约分为违反条件和违反担保。违反条件是指违反合同的重要条款。比如违反商务合同中的品质、数量、价格等条款就是违反了合同的重要条款。违反条件的法律后果是非违约方有权要求解除合同。违反担保是指违反合同的次要条款或辅助条款。在违反担保的情况下，非违约方不能要求解除合同，而只能向违约方请求赔偿。

美国法律将违约分为重大违约与轻微违约。重大违约是指一方违约而使对方期望得到的合同的主要利益得不到满足。在重大违约的情况下，非违约方有权解除合同。轻微违约是指一方违约虽然给对方造成损害，但对方仍能取得合同的主要利益。在轻微违约情况下，非违约方只能要求对方给予赔偿而不能有权解除合同。

（三）《公约》的规定

《公约》将违约分为根本性违约、非根本性违约和预期违约。根本性违约是指一方

以说明。

（2）服装厂的行为中有无不当之处？

（3）此案如何处理？

相关知识

一、合同消灭的概念

合同的消灭就是指合同关系在客观上不复存在，合同的权利义务终止。

二、合同消灭的原因

（一）英美法系

英美法系合同消灭的原因包括：合同因履行而消灭；合同因双方当事人的协议而消灭；合同因当事人违约而消灭；合同被依法消灭。

（二）大陆法系

大陆法系国家关于合同消灭的原因包括以下几个方面。

（1）清偿

即合同的履行，是指债务人按合同的约定了结债务，配合债权人实现债权目的的行为。

（2）提存

提存是指在因债权人的原因导致合同无法履行时，债务人将合同标的物交给提存机关保存，以此消灭债的行为。

（3）抵销

当事人互付同类性质的债务，且债务均已届履行期，任何一方都可以自己的债务与对方的债务相抵销，从而消灭债的行为。

（4）免除

免除是指债权人放弃自己的债权从而消灭债的行为。

（5）混同

混同是指因债权人与债务人合并为一人而消灭债的行为。

（三）中国法律

我国《合同法》规定合同消灭的原因包括：债务已履行；抵销；提存；债务免除；

混同；合同解除以及法律规定的其他情形。

项目训练

知识练习

1. 名词解释

要约　承诺　合同

2. 简答题

（1）简述要约的有效要件。

（2）简述承诺的生效要件。

（3）简述违约的表现形式及救济方法。

技能训练

1. 拟定一份货物买卖合同

2. 案例分析

甲企业向乙企业发函订货，该信函列明了货物的种类、数量、质量、供货时间、交货方式等，并要求乙在10日内报价。乙接受甲发出信函列明的条件并按期报价，也要求甲在10日内回复；甲按期回复同意其价格，并要求签订书面合同。乙在未签订书面合同的情况下按甲提出的条件发货，甲收货后未提出异议，亦未付货款。后因市场发生变化，该货物价格下降。甲遂向乙提出，由于双方未签订书面合同，买卖关系不能成立，故乙应尽快取回货物。乙不同意甲的意见，要求其偿付货款。

问题：甲、乙双方是否成立合同，说明理由。

模块五　国际货物买卖法

学习目标

知识目标

1. 掌握国际买卖合同双方当事人的义务；
2. 掌握国际货物买卖合同中货物风险转移的规则；
3. 熟悉违反国际货物买卖合同的救济方法。

技能目标

1. 能够正确履行合同义务；
2. 能够判断货物风险界限；
3. 能够正确处理买卖合同纠纷。

任务一　认识国际货物买卖合同

任务导入

张丽丽刚加入一家外贸公司，对于公司业务还不太熟悉，特别是对于哪些合同适用国内合同法、哪些合同适用国际货物买卖法更是弄不明白。

任务要求：请你帮助张丽丽找出国内买卖合同与国际货物买卖合同的区别及如何选择适用法律。

相关知识

一、国际货物买卖合同的概念

国际货物买卖合同是指营业地处于不同国家的当事人之间所订立的，由一方提供货物并转移所有权，另一方支付价款的协议。

二、调整国际货物买卖合同的立法

调整国际货物买卖合同的立法主要包括国际公约、国际贸易惯例以及各国国内立法。

（一）国际公约

《联合国国际货物销售合同公约》（简称《公约》）为当前在国际货物买卖方面最重要的国际公约。这项公约于1978年订立，1980年3月在维也纳召开的有62个国家参加的外交会议上获得通过。

《公约》适用于营业地处在不同国家的当事人之间订立的货物买卖合同，在确定公约的适用时，仅以当事人的营业地为标准，对当事人的国籍不予考虑。《公约》规定，除上述要求外，还必须满足下列两个条件之一，才适用该公约：

①当事人营业地所在的国家是该公约的缔约国。

②国际司法规则导致适用某一缔约国的法律。

按照后一种规定，公约也可能适用于营业地处于非缔约国的当事人间订立的货物买卖合同。

《公约》对货物一词没有下定义，但《公约》第2条和第3条把某些交易排除在《公约》适用范围之外，其中包括：①供私人或家庭使用的货物买卖；②拍卖；③根据法律执行令状强制出售的财产；④公债、股票、投资证券、流通票据或货币的交易；⑤船舶、飞机、气垫船的买卖；⑥电力买卖。

（二）国际贸易惯例

在国际上影响较大的关于国际货物买卖的惯例有：国际法协会制定的《1932年华沙－牛津规则》、美国一些商业团体共同拟定的《1941年美国对外贸易定义修订本》、国际商会于1935年制定了《国际贸易术语解释通则》，这是当今国际贸易中使用最为广泛、最为重要的惯例。近年来为了适应国际货物运输方式的新发展，又于1980年、1990年、2000年、2010年进行了修改和补充。现行的文本是《2010年国际贸易术语解释通则》，该通则对11种贸易术语做了详细的解释，具体规定了买卖双方在交货方面的权利与义务。

（三）各国国内立法

除了国际公约和国际贸易惯例之外，各国还通过国内立法对货物买卖关系进行规范。如英国《1893年货物买卖法》，1952年的美国《统一商法典》《法国民法典》《德国民法典》以及我国的《合同法》都是属于货物买卖关系的国内立法。

任务二 国际货物买卖合同当事人的权利义务

任务导入

我国某机械进出口公司向一法国商人出售一批机床。法国商人又将该机床转售美国及一些欧洲国家。机床进入美国后，美国的进口商被起诉侵犯了美国有效的专利权。法院判令被告赔偿专利权人的损失，随后美国进口商向法国出口商追索，法国商人又向我方索赔。

任务要求：我方是否承担责任？结合本案，分析国际货物买卖合同中当事人的义务。

相关知识

一、卖方的义务

卖方的基本义务是按照合同和公约的规定交付货物并转移货物所有权，移交一切与货物有关的单据，卖方的品质担保和卖方的权利担保。

（一）交付货物

1. 交货时间

大陆法系国家一般规定，如果合同未做明确规定，买方有权要求及时交货，卖方也有权在合同成立后及时交货。但买方在履行债务时，必须遵守诚实信用原则。卖方在提前交货的情形下，应当提前通知买方领受货物。

英美法系国家的法律规定，合同规定交货时间的，卖方应在约定时间内交货；如果合同未约定交货期，则卖方应在合理时间交货。

《公约》第 33 条对交货时间做了规定：①如果合同规定了交货日期，或从合同中可以确定交货日期，应在该日期交货。②如果合同规定有一段时间，或从合同中可以确定一段时间，则除非情况表明应由买方选定一个日期外，可在该段时间内的任何时间交货。③在其他情况下，应在订立合同后一段合理时间内交货。

我国《合同法》规定，如果当事人在合同中约定了交货日期，则卖方应按约定时间交货；如果没有约定交货时间，卖方可以随时履行合同，买方也可以随时要求卖方履行，但都应当给予对方必要的准备时间。

2. 交货地点

大陆法系规定：合同规定交货地点的，卖方应在交货地点交货；合同没有规定交货地点时，应视合同标的物的具体情况来确定交货地点，如果合同标的物是种类物，一般应在卖方营业地交货，如果标的物是特定物，交货地点为订约时该特定物的所在地。

英美法系国家法律一般规定，卖方应在合同约定地点交货；合同没有约定交货地点的，一般应在卖方的营业地点交货，如果合同标的物是特定物，而且双方当事人在订立合同时都已经知道货物的所在地时，卖方应在特定物所在地交货。

《公约》规定，如果合同对交货地点已有明确的规定，卖方必须按合同的规定办理。如果合同对此没有作出规定，则应按以下规定办理：①如果合同没有规定交货地点，而合同又涉及货物运输，则卖方的义务就是把货物交给第一承运人，以运交买方；②如果合同没有规定交货地点，合同又不涉及货物的运输，则如果合同出售的货物是特定物，或者是从特定存货中提取的货物或者是尚待加工制造和生产的未经特定化的货物，而双方在订立合同时已经知道货物存放在某个地点或在某地加工生产，则卖方应在该地点交货；③在其他情况下，卖方应在订立买卖合同时的营业地点把货物交给买方处置。

我国《合同法》规定，卖方应在合同约定地点交货，合同没有约定交货地点的或约定不明确的，可以由当事人签订其他补充协议或依交易习惯来确定交货地点，仍然不能确定的，应适用《公约》的规定。

（二）提交与货物有关的单据

卖方应按照合同规定的时间、地点和方式，提交与货物有关的单据，这些单据主要包括：提单、保险单、商业发票、领事发票、产地证书等。

（三）卖方的品质担保义务

卖方必须提交与合同相符的货物，法律上称之为品质担保义务。

大陆法系把品质担保义务称为瑕疵担保义务。根据《德国民法典》，卖方应保证在将货物的风险转移给买方前，不存在失去或减少价值或降低货物的通常用途或合同规定的使用价值的瑕疵。但是，如果买方在订立合同时，已经知道货物存在瑕疵的，卖方可不承担瑕疵担保责任。

英美法中卖方的品质担保包括“商销性品质担保”和“特定用途的品质担保”。“品质担保”一词最早出现在英国法律中，有以下三个含义：①以货物的描述订立合同的，货物必须符合合约的描述；以样本为准订立合同的，货物必须符合样本。②货物的用途必须是可以进行销售的。③货物适合买方的特殊用途。这种“特殊用途”往往是买方在合同中特别约定的用途。

美国《统一商法典》将品质担保分为明示担保和默示担保。明示担保是指卖方明白、直接地对其货物所作出的保证。明示担保可以通过合同约定、凭样品交易等方式产生。默示担保是指当事人没有在合同中约定，而是根据法律规定应当包含在合同中的内容。默示担保包括适销性的担保和适合于特定用途的担保。美国法律一般不允许卖方免除明示的担保义务，对于默示担保义务，除了产品责任外，卖方可以依据法律的规定予以免除。

《公约》对卖方的品质做了明确的规定。合同对货物的品质、规格等作出规定的，卖方所交付的货物应符合该规定；合同未规定的，卖方所交货物应符合以下要求：①货物应适用于订立同一规格货物通常适用的用途；②货物应适用于订立合同时买方曾明示或默示地通知卖方的任何特定用途，除非情况证明买方不能依赖卖方的技能和判断能力，或者这种依赖对他来说是不合理的；③货物的质量应与买方向卖方提供的货物样品或者样式相同；④货物应按同类货物通用的方式装入容器或包装，如无此通用方式，则应按最有保全和保护货物的方式装进容器或包装。

我国《合同法》对卖方的品质担保义务做了详细规定。合同对货物的品质、包装等有约定的，应按照合同的约定履行；合同没有约定的或约定不明确的，应由当事人通过签订补充协议或依据交易习惯确定；依照此种方法仍不能确定的，货物的品质应依据国家标准确定，没有国家标准的，应按行业标准确定，如果国家标准或行业标准都不具备时，就应按照通常标准或者符合合同目的的特定标准确定。

（四）卖方的权利担保义务

卖方的权利担保义务，就是指在国际货物买卖中，卖方保证对其所交付的货物享有合法的权利。权利担保具体包括三个方面。

（1）卖方保证对其出售的货物享有完全的所有权，必须是第三方不能提出任何权利或要求的货物。

（2）卖方保证所售货物不存在任何未曾向买方透露的担保物权。

（3）卖方应保证其所售的货物不侵犯他人的知识产权，如不得侵犯他人的商标权、专利权。

二、买方的义务

国际货物买卖合同中买方的主要义务有两项：一是支付货款；二是受领货物。

（一）支付货款

大陆法系中的《德国民法典》规定，买方对卖方负有支付约定价金及受领买卖物的义务。如果双方在订约时没有规定具体的价金而是按照市价确定时，则应以履行时履行地的市价为准。而对于价款的履行地的确定，则规定买方应在卖方的住所地或营业地支付价款。

英美法规定，除了合同有规定外，卖方交付货物与买方支付货款为对流条件，买方以支付货款换取货物，卖方则以交付货物换取货款。买方在有合理机会检验货物之前没有支付货款的义务。

《公约》关于买方付款义务的规定比较具体：依《公约》第 54 条的规定，买方支付货款的义务包括依合同或任何有关法律和规章规定的步骤和手续。

依《公约》的规定，支付的地点首先应以当事人在合同中的约定为准，在合同对此没有规定的情况下，《公约》对支付地点进行了下列补充规定：①卖方营业地为支付地，在卖方有一个以上营业地的情况下，买方的支付地点为卖方与合同及合同的履行关系最密切的营业地。②如凭移交货物或单据支付货款，则移交货物或单据的地点为支付地。

关于支付的时间。《公约》规定，如果双方当事人未在合同中具体约定付款的时间，则买方应依《公约》规定的下列时间支付货款：①在卖方将货物或单据置于买方控制下时付款。依《公约》的规定，卖方可以买方支付货款作为移交货物或单据的条件，不付款则不交货或不交单据。②在买卖合同涉及运输时，在收到银行的付款通知时付款。在涉及运输时，卖方一般会在合同中订明交货的条件，即在买方支付货款后，才能取得代表货物所有权的装运单据，即以付款交单为支付条件，在此种情况下，买方必须在接到银行的付款通知时支付货款。③在买方没有机会检验货物前，无义务支付货款。

我国《合同法》规定：买方应按照合同约定的时间、地点支付货款。合同无约定的，付款时间为收取货物或单据的时间；付款地点为卖方营业地；买方收取卖方多交的货物，应按合同价格对多收的货物付款；合同未约定价款或约定不明确，除依法由政府定价的以外应按照订立合同时履行地的市场价格确定，若是依法应当执行政府定价或者政府指导价的，在合同约定的交付期限内，政府价格调整，按照交付时的价格计算。

（二）受领货物

德国法规定，受领货物是买方的义务之一。如果卖方按照合同约定或法律规定的时间、地点、数量等给付，而买方不受领给付，则构成迟延受领，应对卖方承担迟延受领的责任。

美国《统一商法典》将买方接受货物的义务与买方检验货物的权利联系起来，即买方只有在合同约定的时间、地点，以合理的方式对货物进行检验后，才确定是否对货物表示接受或是否付款。

《公约》规定，买方的另一项义务是收取货物。具体包括两个方面：一是买方必须充分配合，采取一切理应采取的行动，以协助卖方完成货物的交付。二是买方必须接受与合同相符的货物，如果买方不及时接受货物，由此造成的损失应由买方承担。

我国《合同法》也规定买方应接受货物，买方违反合同不接受货物，给卖方造成损失的，应承担赔偿责任。

任务三 货物所有权及风险的转移

任务导入

中国某外贸公司以FOB价格条件出口棉纱2000包，每包净重200千克。装船时已经双方认可的检验机构检验，货物符合合同规定的品质条件。该外贸公司装船后因疏忽未及时通知买方，直至3天后才给予装船通知。但在起航18小时后，船只遇风浪致使棉纱全部浸湿，买方因接到装船通知晚，未能及时办理保险手续，无法向保险公司索赔。买方要求卖方赔偿损失，卖方拒绝，双方发生争议。

任务要求：该合同中，货物风险是否已转移给买方？本案应如何处理？结合本案，熟悉国际货物买卖合同中的风险转移规则。

相关知识

一、货物所有权的转移

货物所有权又称为财产权，是指物主对特定货物所拥有的财产权。包括对特定货物具有占有、使用、处置及收益的权利。关于货物所有权的转移，各国的规定主要有以下几种形式：合同成立时货物所有权转移；货物交付或特定化时所有权转移。

《法国民法典》规定，当事人就标的物及其价金相互同意时，即使标的物尚未交付，价金尚未支付，买卖即告成立，而标的物的所有权亦于此时在法律上由卖方转移于买方。

美国《统一商法典》规定，货物在特定于合同项下之前，所有权不发生转移。除双方另有约定外，特定化后的货物所有权是在交货时发生转移。英国《货物买卖法》规定，货物未经特定化之前，财产权不发生转移。特定化后的所有权转移时间取决于双方当事人的意图。

《公约》对货物所有权的转移未做规定，但承认当事人对货物所有权转移的约定具有法律效力，当事人可以在合同中约定所有权转移的时间。

我国《合同法》规定，除法律另有规定或当事人另有约定外，货物所有权自货物交付时起转移。

二、货物风险的转移

风险是指货物可能遭受的意外损失。风险转移是指货物风险由卖方转移到买方，风险转移直接涉及买卖双方的基本义务。

英国和法国的法律采取“物主承担风险”的原则，除了双方另有约定外，在货物的所有权转移给买方前，风险由卖方承担；货物所有权转移给买方后，风险即由买方承担。

美国和德国法律规定以交货时间来确定风险转移的时间，货物交付给买方后，风险由买方承担；货物未交付前，风险由卖方承担。而不管货物的一般原则是：双方当事人在合同中对风险转移问题做了具体规定的，则首先适用合同的约定。合同中没有约定的，原则上以交货时间来确定风险转移的时间。

《公约》还对特殊情形下的风险转移问题做了规定。

（1）涉及运输时风险的转移

如果买卖合同没有规定卖方在某一特定地点把货物交给承运人，则货物在该地点交付给承运人时起，风险转移给买方承担。在这种情况下卖方应承担在特定地点把货物交给承运人前的风险。

（2）出售在途货物的风险转移

《公约》第68条对于在途货物的风险转移规则有三点规定：第一，成交的在途货物，从订立合同时起，风险转移到买方承担；第二，在途货物的风险，可以提前到自承运人签发运输单据时发生转移；第三，买卖双方订立合同时，货物已经遗失或损坏，但卖方未告知买方，则应由卖方承担货物的遗失或损坏责任。

（3）违约与风险转移

在正常情况下，货物风险随着交付而转移，但如果卖方交付的货物严重不符合合同要求，则等于没有交付，即使货物已在买方手里，风险仍由卖方承担。美国《统一商法典》和我国《合同法》都规定，卖方在根本违约情况下，风险不发生转移。而

《公约》规定却是卖方在根本违约情况下，风险转移给买方，而买方依然有权采取补救措施。

买方违约是指买方不接受或不及时接受符合合同的货物。《公约》规定，买方违约的时间就是货物风险转移的时间。

我国《合同法》关于货物风险转移的规则与《公约》基本一致，一般情况下，标的物毁损、灭失的风险，在标的物交付之前由出卖人承担，交付之后由买受人承担，但法律另有规定或者当事人另有约定的除外。当事人没有约定交付地点或者约定不明确，标的物需要运输的，出卖人将标的物交付给第一承运人后，标的物毁损、灭失的风险由买受人承担。对于出售运输途中的货物风险的转移，《合同法》第144条规定：出卖人出卖交由承运人运输的在途标的物，除当事人另有约定的以外，毁损、灭失的风险自合同成立时起由买受人承担。因买受人的原因致使标的物不能按照约定的期限交付的，买受人应当自违反约定之日起承担标的物毁损、灭失的风险。出卖人按照约定或者依照法律规定将标的物置于交付地点，买受人违反约定没有收取的，标的物毁损、灭失的风险自违反约定之日起由买受人承担。出卖人按照约定未交付有关标的物的单证和资料的，不影响标的物毁损、灭失风险的转移。因标的物质量不符合质量要求，致使不能实现合同目的的，买受人可以拒绝接受标的物或者解除合同。买受人拒绝接受标的物或者解除合同的，标的物毁损、灭失的风险由出卖人承担。标的物毁损、灭失的风险由买受人承担的，不影响因出卖人履行债务不符合约定，买受人要求其承担违约责任的权利。

任务四　违反国际货物买卖合同的救济方法

任务导入

2015年10月，日本A公司与中国B公司签订了购买稀土的买卖合同，约定于2015年2月前交货。合同签订后，B公司立即与各生产厂家联系，但由于当时稀土市场需求量很大，各厂家供货成问题，B公司向A公司要求推迟交货期，遭到A公司拒绝。2015年开始，国际市场稀土价格暴涨，B公司要求A公司提高合同价格，也遭到拒绝。2月前，B公司未能履行交货义务，4月份，国际市场稀土价格已涨到合同签订时的近2倍。6月5日，A公司根据合同中仲裁条款向中国贸易仲裁委员会提请仲裁，要求B公司赔偿A公司于6月初补进的稀土与合同价格的差额货款。

任务要求：A公司的要求是否合法？结合本案，熟悉违反国际货物买卖合同的救济方法。

相关知识

一、卖方违约时买方的救济方法

卖方违约有几种情况：不交货、延迟交货、交货与合同不符。卖方违约时买方可以采取的救济的方法包括以下几种：

1. 要求实际履行

《公约》第46条第1款规定，卖方违反合同时，买方可以采取要求实际履行的办法。第47条规定，买方可以规定一个合理时间的额外期限，让卖方履行义务。

2. 交付替代物

依据《公约》规定买方只有在货物与合同不符构成根本违反合同时，才可以要求交付替代物。

3. 修理

卖方对所交付的与合同不符的货物进行修补、调整或替换有瑕疵的部分。

4. 减价

《公约》第50条规定，如货物与合同不符，不论价款是否已付，买方都可以降低价格。

5. 宣告合同无效

依据《公约》第49条规定，买方有权在下列情况下宣告合同无效：第一，卖方根本违反合同；第二，卖方在买方规定的宽限期间内没有交货或声明不交货。

6. 要求损害赔偿

大陆法规定，损害赔偿责任的成立须有损害事实的存在，而且违约方主观上存在过错。英美法系则不要求违约方主观上存在过错，也不要求必须发生实际损害。

《公约》规定：只要合同当事人一方没有履行合同义务，对方当事人就可以要求损害赔偿，而无须证明对方的违约是否出于过失。一方当事人违反合同应承担的赔偿数额应与另一方当事人因他违反合同而遭受的损失额相等，包括受损害方的实际损失以及他依据该合同可预期获得的利润。但是，赔偿数额不超过违反合同方在订立合同时应当预料到的损失。

二、买方违约时卖方的救济方法

买方违约的主要情况是买方不按合同约定付款和受领货物，买方违约时卖方可以采取的救济的方法包括以下几种：

1. 要求买方实际履行

如果买方不支付价款、不接受货物或有其他违反合同的行为时，卖方可以要求买方实际履行合同，但是如果卖方已经采取了与此相抵触的措施，就不能要求买方实际履行了。

2. 给予买方履行合同的宽限期

如果买方没有在合同规定的时间内履行合同义务，卖方可以给予买方一定的宽限期让买方履行合同。

3. 宣告撤销合同

如果买方根本违约，给卖方造成重大损失，实质上剥夺了卖方根据合同有权得到的利益，卖方可以宣告撤销合同。在卖方给了一段合理的时间以后，买方还不履行，或声明将不履行，卖方也可以宣告撤销合同。

4. 自行确定货物的规格

如果合同中没有对货物的规格作出具体规定，而只规定买方必须在约定时间内或在收到卖方的通知后提出货物的具体规格，而买方未在约定的日期或在收到卖方通知后的合理时间未提出货物的具体规格时，卖方可以自行确定货物的规格。

5. 请求损害赔偿

买方违反合同义务时，卖方也可以要求买方给予赔偿。

项目训练

知识练习

1. 名词解释

国际货物买卖合同　风险

2. 简答题

（1）简述国际货物买卖合同中买卖双方各自的义务。

（2）简述国际货物买卖合同中货物风险转移的规则。

（3）简述违反国际货物买卖合同的救济方法。

技能训练

1. 草拟一份国际货物买卖合同，确定双方权利义务

2. 案例分析

中国甲公司与美国乙公司订立了一份国际货物买卖合同。合同约定，甲公司出售一批土特产给乙公司，履行方式为：甲公司于2015年5月30日之前将该批货物交铁路发运至青岛，由青岛船运至纽约，乙公司支付相应对价。但后来甲公司并未依约发货。

2015年6月5日，乙公司通知甲公司，该批货物最迟应在7月底之前发运。同年7月10日，甲公司依约将货物交铁路运至青岛，但货物在自青岛至纽约的途中因海难损失50%。由于双方对货物灭失的风险约定不明，遂发生争执。乙公司认为，甲公司违约在先，应承担损害赔偿责任；合同因甲公司未按时履行义务已终止，故货物损失的风险理应由甲公司承担。

问题：

（1）根据《联合国国际货物销售合同公约》，乙公司是否有权要求甲公司承担损害赔偿责任？

（2）本案中，货物损失的风险应由谁承担？为什么？

模块六　国际海上货物运输与保险法

学习目标

知识目标

1. 了解国际海上货物运输的概念、特征及方式；
2. 掌握承运人、托运人的权利与义务；
3. 掌握提单的概念及作用；
4. 掌握国际海上货物运输合同的内容；
5. 掌握国际海上货物运输保险承保的风险、损失与费用范围；
6. 掌握国际海上货物运输保险各险别的责任范围。

技能目标

1. 能够根据货物特点选择合适的国际海上货物运输方式；
2. 能够拟定国际海上货物运输合同；
3. 能够根据货物面临的风险选择适合的保险险种；
4. 能够正确处理国际海上货物运输及保险纠纷。

任务一　国际海上货物运输法

任务导入

某船运输水泥，航行途中，船员为查看舱内货物打开舱盖，但出舱时忘记关舱，后因海水进入货舱使货物受损。货主要求船方赔偿，船方则以管船过失为由要求免责。

任务要求：分析国际海上货物运输中承运人的权利义务。

相关知识

国际货物运输是国际贸易的一个组成部分。在国际货物运输中，涉及的运输方式很多，包括海上运输、铁路运输、航空运输、河流运输、公路运输、管道运输以及由各种运输方式组合的国际多式联运等，其中最为重要的是国际海上货物运输。

一、国际海上货物运输的概念、特点

国际海上货物运输是指使用船舶通过海上航道在不同的国家和地区的港口之间运送货物的一种运输方式。其主要特点是：运输量大、通过能力大、运费低廉、对货物的适应性强、运输的速度慢、风险较大。

二、国际海上货物运输的方式

按照船舶的经营方式，国际海上货物运输可分为班轮运输和租船运输。

1. 班轮运输

班轮运输是指具有固定的航线，沿途停靠若干个固定的港口，按照事先固定的船期表和运价航行的运输方式。

班轮运输的特点：①班轮运输有固定的船期、航线、停靠港口和相对固定的运费率；②班轮运费中包括装卸费，故班轮的港口装卸由船方负责；③班轮承运货物的数量比较灵活，货主按需订舱，特别适合于一般件杂货和集装箱货物的运输。

2. 租船运输

租船运输指租船人根据协议向船舶所有人租赁船舶用于货物运输，并按商定运价，向船舶所有人支付运费或租金的运输方式。

租船运输特点包括：①以运输货值较低的大宗货物为主；②无固定航线、固定的装卸港口和固定的船期；③无固定的运价。

租船费用较班轮低廉，且可选择直达航线，故大宗货物一般采用租船运输。租船方式主要有航次租船、定期租船和光船租赁三种。

航次租船也称为程租船，是船舶所有人按双方事先议定的运价与条件向租船人提供船舶全部或部分仓位，在指定的港口之间进行一个或多个航次运输指定货物的租船方式。

定期租船也称为期租，它是船舶所有人把船舶出租给承租人使用一定时期的租船方式，在这期限内，承运人可以利用船舶的运载能力来安排货运。租期内的船舶燃料费、港口费用以及拖轮费用等营运费用，都由租船人负担，船东只负责船舶的维修、保险、配备船员和供给船员的给养和支付其他固定费用。

光船租赁也称为光租，是一种比较特殊的租船方式，是指出租人提供一条不配备船员的船舶供承租人使用一个时期，而由承租人支付租金的租船方式。由租船人自行配备船员，负责船舶的经营管理和航行各项事宜。在租赁期间，租船人实际上对船舶有着支配权和占有权。

三、国际海上货物运输的立法

调整国际海上货物运输的法律主要有国际公约、国际惯例及各国的国内立法。

1. 国际公约

调整国际海上货物运输问题的公约主要有三个，分别是海牙规则、维斯比规则和汉堡规则。

（1）《海牙规则》

《海牙规则》于 1924 年在比利时签订，1931 年生效，是关于提单规定的首部国际公约，全称为《统一提单若干法律问题公约》。该规则也是最主要的且被普遍使用的公约。《海牙规则》规定了承运人的最低义务、免责事由、索赔与诉讼、责任限制以及程序性问题等内容。从总体来看，该规则倾向保护承运方的利益，对货主利益保护较少。

（2）《维斯比规则》

随着集装箱运输方式的迅猛发展，加之剧烈的通货膨胀，《海牙规则》的不足开始显现。20 世纪 50 年代末，要求对海牙规则进行修改的呼声越来越高。1968 年通过的《维斯比规则》，全称为《修改统一提单若干法律规定的国际公约议定书》，对《海牙规则》中不明确和不合理的规则做了部分修订和补充。

（3）《汉堡规则》

《维斯比规则》虽然对《海牙规则》进行了修订，但是主要体现了以英国、北欧国家等海运发达国家的利益，对于海运相对落后的第三世界国家的呼声并没有过多考虑。发展中国家代表货主的利益，要求彻底修改《海牙规则》，于是 1978 年联合国在德国汉堡举办了海上货物运输大会，并通过了《联合国海上货物运输公约》，即《汉堡规则》。

2. 国际惯例

调整国际海上货物运输的国际惯例主要是 1990 年《国际海事委员会海运单统一规则》。

3. 国内立法

各国为调整海上货物运输而制定的法律也属于国际海上货物运输法的组成部分。美国、英国、澳大利亚等国家都制定了有关货物运输的法律，我国于 1992 年 11 月 7 日通过了《中华人民共和国海商法》（以下简称《海商法》），该法主要借鉴了《海牙规则》，同时也采用了《汉堡规则》的一些制度，对规范海上货物运输关系起到了重要作用。

四、国际海上货物运输合同

国际海上货物运输合同是指承运人收取运费，负责将托运人托运的货物经海路由一港运至另一港的合同。国际海上货物运输合同主要包括班轮运输合同和租船运输合同，班轮运输中通常以提单作为口头或书面订立的运输合同的证据。租船运输中双方缔结的是租船运输合同。常见的租船合同包括航次租船、定期租船和光船租船三种形式。

1. 承运人的权利与义务

（1）承运人的权利

①运费等费用的请求权。在班轮运输中，托运人按照固定的运费率支付运费，在租船运输中，承租人除了支付约定的运费外，还可能支付亏舱费和滞期费。

②留置权。海上货物运输中的留置权是指当货方不支付运费、滞期费以及共同海损分摊等费用时，承运人依据法律规定或海上货物运输合同约定，留置托运人或者收货人的货物，并拍卖、折价或变卖该货物，并从所得价款中优先受偿的权利。

（2）承运人的义务

海上货物运输合同中，承运人有四项必须承担的义务，即适航、管货、不做不合理绕航和交付货物。

①适航义务。适航义务要求承运人在开航之前和开航当时，适当检查和配备船舶，使船舶处于适于航行的正常状态，能够安全收受、载运和保管货物。

②管货义务。管货义务要求承运人在接收货物后，应当妥善地、谨慎地装载、搬移、积载、运输、保管、照料和卸载所运货物。

③不做不合理绕航。绕航是指船舶有意脱离约定的或者习惯的或者地理上的航线。航线的选择事关运输安全，因此不绕航是承运人的基本义务。但船舶在海上为救助或者企图救助人命或者财产而发生的绕航，或者其他合理绕航，不属于违反承运人义务的行为。

④交付货物。承运人应在卸货港凭正本提单将货物交付给收货人。

（3）承运人的免责情形

根据我国《海商法》规定：在责任期间货物发生的灭失或者损坏是由于下列原因之一造成的，承运人不负赔偿责任：船长、船员、引航员或者其他受雇人在驾驶船舶或者管理船舶中的过失；火灾，但是由于承运人本人的过失所造成的除外；天灾，海上或者其他可航水域的危险或者意外事故；战争或者武装冲突；政府或者主管部门的行为、检疫限制或者司法扣押；罢工、停工或者劳动受到限制；在海上救助或者企图救助人命或者财产；托运人、货物所有人或者他们的代理人的行为；货物的自然特性或者固有缺陷；货物包装不良或者标志欠缺、不清；经谨慎处理仍未发现的船舶潜在缺陷；非由于承运人或者承运人的受雇人、代理人的过失造成的其他原因。

2. 托运人的权利与义务

（1）托运人的权利

①按合同约定取得货物的装船仓位，在货物装船后，要求承运人及时签发提单。

②赔偿请求权。当承运人不履行合同时，有权要求承运人赔偿损失。

（2）托运人的义务

①提供约定货物并如实申报货物资料的义务。托运人托运货物，应当妥善包装，并向承运人保证，货物装船时所提供的货物的品名、标志、包数或者件数、重量或者体积的正确性；由于包装不良或者上述资料不正确，对承运人造成损失的，托运人应当负赔偿责任。

②及时办理货物运输所需的各项手续。托运人应当及时向港口、海关、检疫、检验和其他主管机关办理货物运输所需要的各项手续，并将已办理各项手续的单证送交承运人；因办理各项手续的有关单证送交不及时、不完备或者不正确，使承运人的利益受到损害的，托运人应当负赔偿责任。

③及时提取货物的义务。

④支付运费的义务。托运人应当按照约定向承运人支付运费。

3. 索赔与诉讼

（1）索赔

《海牙规则》规定，收货人在提货时发现货物毁坏或灭失，应立即向承运人提出书面索赔通知；如果灭失或损坏不明显，也应在3天内提出索赔。《汉堡规则》规定，索赔通知应在收货后的第1个工作日提出，如果货物灭失或损坏不明显，前者要求在3天内提出，后者要求在15天之内提出。对于延迟交货造成的损失，《汉堡规则》要求在60天之内提出书面通知。我国《海商法》规定，如果运送的货物是非集装箱货物，货物的损坏不明显的，索赔通知时限为从交货次日起7日内；如果运送的货物是集装箱货物，索赔时限为15日。

（2）诉讼时效

《海牙规则》规定诉讼时效为1年，自货物交付之日起计算，在货物灭失的情况下，自货物应交付之日起计算。《维斯比规则》规定，诉讼时效为1年，托运人和承运人可以协商延长；向第三者追偿的，在1年的诉讼时效期满后，还可以有3个月的宽限期。《汉堡规则》将诉讼时效延长为2年，也是自货物交付之日起计算，未交付货物的，则自货物应交付之日起计算。我国《海商法》规定，诉讼时效为1年，自承运人交付或应当交付货物之日起计算。

五、提单

1. 提单的概念和作用

提单是指用以证明海上货物运输合同和货物已经由承运人接收或者装船，以及承运人保证据以交付货物的单证。

提单具有以下作用：

（1）提单是承运人接收货物或货物装船的收据

货物装船后才由承运人或其代理人签发提单，表明货物已由承运人接收或者装船。提单作为货物收据，不仅证明收到货物的名称、种类、数量、标志、外表状况，而且证明收到货物的时间。

（2）提单是海上货物运输合同成立的证明

在托运人手中，提单只是运输合同及其内容的证明，不是运输合同，如果提单和运输合同有矛盾，应以合同为准；但在托运人以外的提单受让人手中，提单本身就是运输合同，而不仅仅是运输合同的证明。

（3）提单是承运人保证凭以交付货物和可以转让的物权凭证

提单的合法持有人凭提单可在目的港向轮船公司提取货物，也可以在载货船舶到达目的港之前，通过转让提单而转移货物所有权，或凭以向银行办理抵押贷款。

2. 提单的内容

提单的内容一般有正反两面。

提单的正面内容主要包括：船名、装运港、目的港、托运人名称、收货人名称（如托运人指定收货人时）、被通知人名称、货物名称；标志、包装、件数、重量或体积、运费、提单正本份数、提单签发日期、承运人或船长签字。

提单的反面是印就的具体运输条款，对有关承运人的责任、托运人的责任、索赔与诉讼等问题均有详细的规定。

3. 提单的种类

（1）按提单收货人的抬头划分为记名提单、指示提单和不记名提单

记名提单又称收货人抬头提单，是指提单上的收货人栏中已具体填写收货人名称的提单。提单所记载的货物只能由提单上特定的收货人提取，或者说承运人在卸货港只能把货物交给提单上所指定的收货人。

指示提单是指在提单正面“收货人”一栏内填上“凭指示”或“凭某人指示”字样的提单。指示提单是一种可转让提单，提单的持有人可以通过背书的方式把它转让给第三者，而不须经过承运人认可，指示提单在国际海运业务中使用较广泛。

不记名提单是指提单上收货人一栏内没有指明任何收货人，而注明“提单持有人”

字样或将这一栏空白，不填写任何人的名称的提单。这种提单不需要任何背书手续即可转让，或提取货物。这种提单丢失或被窃，风险极大，故国际上较少使用这种提单。

（2）按货物是否已装船划分为已装船提单和收货待运提单

已装船提单是指货物装船后由承运人或其授权代理人根据大副收据签发给托运人的提单。如果承运人签发了已装船提单，就是确认他已将货物装在船上。在国际货物买卖合同中一般都要求卖方提供已装船提单。

收货待运提单又称备运提单、待装提单，或简称待运提单。它是承运人在收到托运人交来的货物但还没有装船时，应托运人的要求而签发的提单。在跟单信用证支付方式下，银行一般都不肯接受这种提单。

（3）按提单上有无批注划分为清洁提单和不清洁提单

在装船时，货物外表状况良好，承运人在签发提单时，未在提单上加注任何有关货物残损、包装不良、件数、重量和体积，或其他妨碍结汇的批注的提单称为清洁提单。承运人一旦签发了清洁提单，货物在卸货港卸下后，如发现有残损，除非是由于承运人可以免责的原因所致，承运人必须负责赔偿。在国际货物买卖中，买方一般愿意接受清洁提单。

在货物装船时，承运人若发现货物包装不牢、破残、渗漏、沾污、标志不清等现象时，大副将在收货单上对此加以批注，并将此批注转移到提单上，这种提单称为不清洁提单。在国际贸易中，银行是拒绝出口商以不清洁提单办理结汇的。

（4）根据运输方式的不同划分为直达提单、转运提单和多式联运提单

直达提单，又称直运提单，是指货物从装货港装船后，中途不经转船，直接运至目的港卸船交与收货人的提单。直达提单上不得有“转船”或“在某港转船”的批注。凡信用证规定不准转船者，必须使用这种直达提单。

转船提单是指货物从起运港装载的船舶不直接驶往目的港，需要在中途港口换装其他船舶转运至目的港卸货，承运人签发这种提单称为转船提单。

多式联运提单是指一批货物需要经过两种以上不同运输方式，其中一种是海上运输方式，由一个承运人负责全程运输，负责将货物从接收地运至目的地交付收货人，并收取全程运费所签发的提单。

（5）按提单内容的简繁划分为全式提单和略式提单

全式提单是指提单除正面印就的提单格式所记载的事项，背面列有关于承运人与托运人及收货人之间权利、义务等详细条款的提单。由于条款繁多，所以又称繁式提单。在海运的实际业务中大量使用的大都是这种全式提单。

简式提单，又称短式提单、略式提单，是指提单背面没有关于承运人与托运人及收货人之间的权利义务等详细条款的提单。这种提单一般在正面印有“简式”字样，

以示区别。

（6）按签发提单的时间划分为倒签提单、预借提单和过期提单

倒签提单是指承运人或其代理人应托运人的要求，在货物装船完毕后，以早于货物实际装船日期为签发日期的提单。

预借提单是指货物尚未装船或尚未装船完毕的情况下，信用证规定的结汇期（即信用证的有效期）即将届满，托运人为了能及时结汇，而要求承运人或其代理人提前签发的已装船清洁提单，即托运人为了能及时结汇而从承运人那里借用的已装船清洁提单。

过期提单有两种含义，一是指出口商在装船后延滞过久才交到银行议付的提单。二是指提单晚于货物到达目的港，这种提单也称为过期提单。

任务二　国际海上货物运输保险法

任务导入

某外贸公司按 CIF 术语出口一批货物，装运前已向保险公司按发票总额的 110% 投保平安险，6 月初货物装妥顺利开航。载货船舶于 6 月 13 日在海上遭遇暴雨，致使一部分货物受到水渍，损失价值 2100 美元。数日后，该船又突然触礁，致使该批货物又遭到部分损失，价值达 6000 美元。

任务要求：保险公司对该批货物的损失是否赔偿，为什么？结合本案，分析国际海上货物运输保险各险种承保的责任范围。

相关知识

一、国际海上货物运输保险的概念

与国际货物运输方式相对应，国际货物运输保险主要分为国际海上货物运输保险、国际航空货物运输保险、国际铁路货物运输保险、国际公路货物运输保险以及国际货物联运保险等。目前其中影响最大的是国际海上货物运输保险。

国际海上货物运输保险是由保险人同被保险人订立保险合同，被保险人缴付保险费，当货物在海上运输途中发生保险事故遭受损失，由保险人负责经济补偿的一种保险制度。

目前国际上还没有形成调整国际货物运输保险的国际公约，主要依靠各国的国内立法来调整国际货物运输关系。《中华人民共和国保险法》以及《海商法》对货物运输保险关系进行了规范。